校友经济学研究
——校友经济现象的学科构建

主　编◎边慧敏
副主编◎刘晓彬　王政书　徐和平

四川大学出版社
SICHUAN UNIVERSITY PRESS

图书在版编目（CIP）数据

校友经济学研究：校友经济现象的学科构建 / 边慧敏主编． — 成都：四川大学出版社，2022.11
ISBN 978-7-5614-5180-9

Ⅰ．①校… Ⅱ．①边… Ⅲ．①校友－经济社会学－研究 Ⅳ．① F069.9

中国版本图书馆 CIP 数据核字（2022）第 239217 号

书　　名：校友经济学研究——校友经济现象的学科构建
　　　　　Xiaoyou Jinjixue Yanjiu——Xiaoyou Jinji Xianxiang de Xueke Goujian
主　　编：边慧敏

选题策划：邱小平　梁　平
责任编辑：梁　平
责任校对：杨　果
装帧设计：璞信文化
责任印制：王　炜

出版发行：四川大学出版社有限责任公司
　　　　　地址：成都市一环路南一段 24 号（610065）
　　　　　电话：（028）85408311（发行部）、85400276（总编室）
　　　　　电子邮箱：scupress@vip.163.com
　　　　　网址：https://press.scu.edu.cn
印前制作：四川胜翔数码印务设计有限公司
印刷装订：四川省平轩印务有限公司

成品尺寸：185 mm×260 mm
印　　张：8.5
字　　数：201 千字

版　　次：2023 年 1 月 第 1 版
印　　次：2023 年 1 月 第 1 次印刷
定　　价：58.00 元

本社图书如有印装质量问题，请联系发行部调换

版权所有　◆　侵权必究

编委会

主　　编：

　　边慧敏

副 主 编：

　　刘晓彬　王政书　徐和平

编委会成员：

　　何春燕　涂　晶　张德园　甘　犁　罗　航　程盈莹

序

　　现代城市发展演进，已突出体现为以人才和知识资源为内核的知识经济、智慧经济、创新经济竞争。校友作为一种特殊资源，不仅有利于高校建成世界一流大学，还有助于推动城市与乡村全领域的经济发展。校友给城市带来的不只是声誉与生源的提升，而且是影响区域经济发展的综合性与系统性要素。目前，比如北京、上海、天津、重庆、香港、武汉、西安、厦门、成都和沈阳等城市都在积极探索和发掘大学资源与城市经济的深层关系，助推新时代城市持续健康发展。随着校友经济的日渐发展，校友资源成为连接校友企业家之间、校友企业家与学校、校友企业家与地方政府的桥梁与纽带。校友经济不仅带来巨大的资金体量，更带来由尖端人才引领经济发展、科技创新的新时代经济。作为一种新经济业态，校友经济在深度和广度上不仅可以为社会经济发展注入活力、提高高校校友就业质量、稳定区域人才流动，而且能够将社会生产发展和高校进行有机连接，盘活高校科学研究，促进高价值科技成果转化和产业化，同时利用其低成本、高效率的特性还有助于提高政府招商引资、招才引智的成功概率，实现经济资源的精准对接，促进校友企业间的互补与精诚合作。因此，校友经济一定会成为未来社会经济发展的重要组成部分。

　　经济学产业结构优化理论提出，经济发展到一定阶段，必然伴随着产业结构调整和优化，而产业结构合理化和产业结构高度化需要资本和技术两大关键性要素。高校校友除了地理空间关系的集聚，还有情感连接、知识共享、协同发展。区域产业发展需要智力和资本的支持。改革开放以来，我国高校校友工作作为高等教育事业的重要组成部分得到长足发展，这种发展经历了恢复与启动、建构与完善、服务与创新三个阶段。校友工作的核心性质，从最初以高校发展资源为目标的联谊，经由以高校社会信誉为目标的价值建构，演化为当前以社会贡献为目标的服务和价值创新。这一发展历程，与改革开放所推动的社会变迁及高等教育发展逻辑一致。在新时代，校友工作的提升，应该服务于民族复兴大业所需要的立德树人事业、科学技术重大战略和地方经济社会发展需要。

　　关于校友的研究在美国和欧洲起步较早，最早的校友研究是美国在20世纪30年代开展的，但其后的研究主要集中在校友资源和校友捐赠领域。本人于1990年毕业于中央财经大学并留校工作，于1991年认识了当时担任北京大学经济学院经济管理系主任的厉以宁教授，他正在研究中国的股份制改革，本人邀请他为全国国有特大型企业（即现在的央企）做关于股份制改革的主旨报告，后来经常在一起探讨经济问题。在校工作期间，本人认识了不少在京工作的中央财经大学老校友，萌发了筹备校友会的想法（此前中央财经大学校友没有组织）。通过几年的亲自走访和筹备工作，正式建立了中央财经大学北京校友会,为中央财经大学校友总会于1994年正式在民政部登记注册打下了良好的基础。本人认为在不同岗位工作的校友可以发挥各自的优势,在学术研究、科研成果转化、人才交流等方面发挥超常的作用,"校友经济"的概念由此产生。1997年初,本人找厉以宁教授谈及这个话题,拿书稿给他看,当初他并没有认可,而是觉得是一种圈子经济而已,登不了大雅之堂。本人将校友经济定义做了明确解释,比较全面地诠释了校友经济的特征以及作用。本人认为,校友经济是指在校友的社会活动中以母校为核心,通过母校与校友、校友与校友、校友与社会、母校与社会之间所产生的物质、文化、人才等方面的交流,给母校、校友以及社会带来客观收益的经济活动。校友经济是现代化经济体系的重要组成部分。与数字经济、绿色经济、共享经济一样,校友经济也是一种新业态,适用于所有行业。校友经济是校友企业家保持密切联系,建立良好合作关系,畅通校友企业、地方企业、政府部门之间的信息交流,推动各方在产业发展、基础设施、科技人才、生态环境、教育医疗等各个领域开展实质性合作的价值体现。他重新认真地思考并认可了校友经济的概念,鼓励本人深度研究并加强实践运用。经过20多年的发展,校友经济已经成为社会发展中尤其是城市发展的一个重要推动力,值得加以推广运用。本人也借此机会向厉以宁先生致以崇高敬意!

　　本人对"校友经济学"的理解:它是以研究校友经济的特点、发展规律及作用为核心价值的宏观经济学与微观经济学相互作用下的多元素的融合,最终服务于社会经济发展的交叉学科。虽然校友经济这一概念的诞生已有20余年,但是人们对校友经济的研究不仅大幅度落后于其实践活动,而且已有相关研究大多是单一的、碎片化的、非系统化的。伴随着信息网络技术的延伸和人类社会关系的更新,校友经济活动的广度和深度也将得以扩展和强化,校友资源将逐步成为一种确定性战略型资源,在联结经济与社会发展方面发挥不容忽视的作用。各地政府联合高校通过各种形式建立起校友经济组织,在招商引资、招财引智上产生了巨大的社会效益,校友经济在社会发展的今天凸显了它得天独厚的优势。校友经济学也有望成为一门新兴的交叉学科,推动经济社会的深层次变革与发展。

　　本书为校友经济领域系统化的研究专著,在充分借鉴已有研究的基础上,拓展了校友经济的内涵与外延,研究了校友经济的运行现状、特点和规律,将校友经济与社会网络理论、三螺旋理论、新制度经济学理论等理论相融合,构建了初级校友经济的数理模型,对校友经济活动所蕴含的校友经济及其校友经济学问题展开了较为系统性的分析与研究。与已有相关研究相比,其特色主要为:①拓展和界定了校友经济、校友经济学的内涵和外延;②以马克思主义基本方法为指引,结合经典经济学理论和后现代经济学理论为校友经济学进行理论溯源;③构建了校友经济的数理模型,并在此基础上展开了实证分析;④梳理、归纳和总结了校友经济的部分特点,提出了一些建议。

　　但本书仍然存在一些不足。第一,本书缺少校友经济实践的案例以及建议优化解决的问题,对校友经济的概念、特点的论证比较欠缺。第二,此书理论与实践的结合部分需要相互印证和展开。任何学术的宗旨都是为了实践,否则研究的东西没有意义,校友经济的成功演绎是学校、政府与企业互动的结果。第三,在建立数学模型上,元素设置是否能够达到全面和准确还需要加强分析和研究,比如将企业家校友联盟作为核心元素是否准确？是否可以建立多个模型将一些重要元素，比如校友人才、高校科技成果转化、资金融量、政府政策、组织能力等设计进去？如武汉、西安、厦门等地由科教优势衍生出的校友模式，是地区的实力之源，为城市未来建设提供了一种思路。

虽然校友经济的研究还比较匮乏，且校友经济学要成为一门新兴交叉学科任重而道远，但是随着校友经济活动广度和深度的不断挖掘，校友经济研究必将更加深入，校友经济学科必将得到新的发展，校友资源也将发挥日益重要的作用。

本书为西华大学青年学者的探索与研究成果，也有来自其他大学的知名学者的参与指导，既可为校友经济相关课题后续研究提供一个理论参考，也可以作为未来校友经济课程的教材。今编者请本人作序，首先对西华大学几位年轻学者对校友经济进行研究表示敬佩，尤其敬佩年轻学者的探索勇气；未来中国式现代化进程需要更多的年轻学者关注经济现象，进行科学分析，提出理性结论，服务社会实践。其次，本人对校友经济学的研究还在持续，也并不完善，谨写上面一些话，算作读后感吧，是否得当，还请作者尤其是读者批评指正。

吕世杰
2022 年 10 月 31 日

前　言

本书为校友经济领域系统化研究专著，在充分借鉴已有研究的基础上，充分拓展了校友经济的内涵与外延，研究了校友经济的运行现状、特点和规律，将校友经济与社会网络理论、三螺旋理论、新制度经济学理论等理论相融合，构建了校友经济学的数理模型，对校友经济活动所蕴含的校友经济及校友经济学问题展开了系统性的分析与研究，以期能够为校友经济的高质量发展提供可行的方案，为更好地服务于社会经济发展提供一些借鉴。校友经济这一概念提出已有多年，然而校友经济的研究不仅大幅度落后于其实践活动，而且已有相关研究大多是单一的、碎片化的、非系统化的。伴随着信息网络技术的延伸和人类社会关系的更新，校友经济活动的广度和深度也将得以扩展和强化，校友资源将逐步成为一种确定性战略型资源，在经济与社会发展中起着不容忽视的作用，校友经济学也有望成为一门新兴学科。

与已有相关研究相比，本书的特色主要为：①拓展和界定了校友经济、校友经济学的内涵和外延；②以马克思主义基本方法为指引，结合经典经济学理论和后现代经济学理论为校友经济学进行理论溯源；③构建了校友经济学的数理模型，并在此基础上展开了实证分析；④系统地梳理、归纳和总结了校友经济学的特点，并提出了相应的政策与建议。

虽然校友经济的研究还比较匮乏，且校友经济学要成为一门新兴学科任重而道远，但是随着校友经济活动的广度和深度不断强化，校友经济研究和校友经济学科发展必将进入新的里程，校友资源也将发挥重要作用。欢迎各位同仁参与到校友经济的研究之中，共同促进校友经济学的发展。

由于编者水平有限，书中难免存在一些不足之处，恳请广大读者批评指正。

编　者
2022 年 4 月

目 录

第一章 概 述 ……………………………………………………………（1）
 第一节 研究背景 …………………………………………………（1）
 第二节 研究意义 …………………………………………………（2）
 第三节 关键性概念解析 …………………………………………（4）
 第四节 研究内容 …………………………………………………（5）
 第五节 创新之处 …………………………………………………（6）

第二章 校友经济学相关理论基础 …………………………………（8）
 第一节 马克思主义哲学中的社会关系理论 ……………………（8）
 第二节 社会网络理论 ……………………………………………（12）
 第三节 经济信息理论 ……………………………………………（19）
 第四节 城市空间经济理论 ………………………………………（21）
 第五节 三螺旋理论 ………………………………………………（22）
 第六节 动态合作博弈理论 ………………………………………（23）
 第七节 新制度经济学理论 ………………………………………（24）
 第八节 行为经济学理论 …………………………………………（40）
 第九节 产业组织理论 ……………………………………………（44）
 第十节 本章小结 …………………………………………………（49）

第三章 校友经济研究进展 …………………………………………（50）
 第一节 校友资源开发和利用的研究进展 ………………………（50）
 第二节 校友关系维护的研究进展 ………………………………（54）
 第三节 优化校友经济参与主体行为的研究进展 ………………（56）
 第四节 校友"双创"活动的研究进展 …………………………（58）
 第五节 本章小结 …………………………………………………（59）

第四章 国外校友经济发展状况 ……………………………………（61）
 第一节 美国校友捐赠发展研究 …………………………………（61）
 第二节 英国校友经济发展模式 …………………………………（65）

第三节　本章小结……………………………………………………（67）

第五章　校友经济的基本理论模型与实证研究……………………………（69）
　　第一节　基本理论模型………………………………………………（69）
　　第二节　高校教育资源、经济发展水平影响校友经济的实证检验……（89）
　　第三节　本章小结……………………………………………………（92）

第六章　校友经济的发展对策………………………………………………（93）
　　第一节　校友经济的发展准则………………………………………（93）
　　第二节　校友经济的发展路径………………………………………（94）
　　第三节　校友经济的发展方案………………………………………（96）
　　第四节　本章小结……………………………………………………（101）

附　录　部分高校校友会章程摘编…………………………………………（102）

参考文献………………………………………………………………………（115）

第一章 概 述

第一节 研究背景

随着数字经济、共享经济、循环经济逐渐成为我国的几大成熟业态，校友经济也日渐崛起，成为连接校友企业家之间、校友企业家与学校、校友企业家与地方政府的桥梁与纽带，有利于聚集更多高校科技人才，吸引更多企业校友进行合作，碰撞出更多科技火花，促进经济及产业的创新，进一步激活人才、资本和市场等资源要素。现代城市发展演进，已突出表现为以人才和知识资源为内核的知识经济、智慧经济、创新经济竞争。现代高等教育普及为社会提供了新的知识结构和关系网络，人的发展和社会交往围绕知识型、学习型互动充分展开。而校友资源作为城市的特殊资源，给城市带来的不只是声誉与生源的提升，更是影响区域经济发展的综合性与系统性要素。

经济学者吕世杰认为校友经济是以母校为核心，通过母校与校友、校友与校友、母校与社会之间所产生的物质、文化、人才等方面的交流，给母校、校友以及社会带来客观收益的经济活动。它以母校和校友为载体，目的是通过校友与母校之间天然的纽带，不断循环推动相关经济活动的发展。如今，校友经济加上了"新时代"的背景，是顺应新时代发展要求，以新发展理念为引领，以校友与母校及与所在城市的情感为纽带，以校友资智回归为着力点，促使"城市＋母校＋校友"形成更加紧密的利益共同体和发展共同体，让校友创富得利、让母校荣光得名、让城市发展复兴，实现三者融合发展、共建共享共赢的经济活动。

校友经济是一个母校、经济主体和政府"三赢"的合作博弈模式，而校友资源是一种随着时间的推移可以准确预测的变量，或者说是一种在期初投入、在期中进行适当管理和维护、到期末可以增值的资源。经济社会中有很多类似的资源，比如知识和能力的培育，其共同特点是：①投入较小；②维护成本不高；③在相对长的时间内逐渐形成；④会产生难以估量的经济和社会效益，且这种收益的确定性超过其他任何传统资源。因而，打破原有的校园边界，逐步建立起以学校城市所在地为中心，以学校与校友之间的连接为纽带的经济建设活动是校友经济的突出特点。校友经济有利于促进学校所在城市的经济发展，扩大学校影响力，拓宽校友的发展前景，形成三者共同促进、鼎力发展的良好态势，从而带动区域产业升级，推动经济建设，减缓区域发展不平衡和人才外流等一系列问题，形成以高校为中心，辐射所在城市群的良性循环的"校友生态"经济，逐步成为中国特色市场经济环境中资源得以合理利用和优化配置的重要形式之一。

第二节 研究意义

高等院校丰富的社团活动和比赛给不同专业的同学提供了相互交流的平台，为学校内部各个专业人才的协同合作打下了基础。随着学校建校历史的拉长，围绕以母校为核心的各类经济活动随之展开。改革开放以来，我国高校校友工作作为高等教育事业的重要组成部分得到长足发展。这种发展经历了恢复与启动、建构与完善、服务与创新三个阶段。校友工作的核心性质，从最初以高校发展资源为目标的联谊，经由以高校社会信誉为目标的价值建构，演化为当前以社会贡献为目标的服务和价值创新。这一发展历程与改革开放所推动的社会变迁及高等教育发展逻辑一致。在新时代，校友工作的提升，应该立足于民族复兴大业所需要的立德树人事业、科学技术重大战略和地方经济社会发展需要。本书基于此提出校友经济学研究的意义：

（1）有助于拓宽高校基础设施建设发展资源。

高等院校的建设与发展离不开政府、社会与校友三大资源。目前我国投入高校基础设施建设以及教育研究的主要经费来源是政府的财政支出，少部分社会资源以社会捐资奖学金或者助学金等形式进入学校，校友资源也仅体现在杰出校友的捐赠层面。除了财政性教育经费的支出，校友资源作为学校特有的优质资源，是可以依靠情感纽带进行维系的，这种资源可以资本的形式回馈给学校，促进学校发展建设，补充学校的教学研究设备，这是最基本的校友经济的良性发展。

（2）有助于促进高校人才队伍建设。

高校培养出来的学生会走向社会的各个专业领域，校友中的高端人才或者极具科研潜力的优质人才自然而然会对学校产生一种特殊的亲近感，与学校的联系也更加紧密。这一类杰出校友步入社会之后，通过与外界学术圈的沟通交流，又能够结识更多的相关领域人才，对于母校来说，这是补充其高端人才信息储备库的重要资源。通过杰出校友来完成人才的引进，推进学校的人才队伍建设，为学校的学科建设和学术研究提供保障。

（3）有助于完善高校人才培养计划和促进就业。

学生在校园学习的知识具有一定的局限性，如何帮助学生在毕业之后更快地融入社会生活之中，将专业所学运用到工作之中也是学校应当切实考虑的。校友经济则是能够以社会资源的形式回馈给母校后辈们的福利。来自政界、商界、学界的校友可以直接给学生提供各个方面的培养资源，如从基础的社会实践到进一步的实习以及更深层次的就业、创业创新指导等。在校友为后辈提供培养资源、帮助学生解决就业难题的同时，其实也是在为自己的行业寻找优秀的人才。在完善人才培养计划的同时也加强了校友与学校之间、学校与各界人士之间的合作，前辈帮扶后辈也能够进行传承，形成良好的循环。

（4）有助于推动产学研结合和高校价值成果产业化。

科学技术研究的最终目的是将研究成果转化为应用，从而形成产业规模，创造经济价值，产生投资收益。尽管近年来高校科技成果转化的规模和价值不断攀升，但我国从得到研究成果到转化为应用再到真正形成产业化的过程中，成功的比例还远低于发达国家。高校作为科研重地，作为国家创新体系的重要组成部分，在促进社会经济发展中发挥着重要的作用。在学校培养并输送人才的同时，通过校友来将社会和学校紧密结合起来，时刻把握社会科技动态和产业信息，利用校友这一"链接"，熟知市场需求，明确重点研究方向，从而推动价值成果产业化，推动产学研结合，有力促进社会经济的更好更快发展。

（5）有助于带动区域经济发展，减少人才外流。

为顺应新时代的发展要求，校友经济也不能再仅仅局限在学校内部，应突破原有的校园边界，将校友的定义从一个学校扩展到一个城市乃至一个地区，形成"新时代校友"，从而带来新时代的校友经济。新时代校友经济不再局限于学校，将带动学校所在城市乃至城市所在区域的经济发展。通过学校与校友的情感纽带来推动校友向学校所在城市或城市群进行项目投资、技术成果转化等具有实际经济效益的活动。在引入具体项目和技术时，能够增加就业岗位，为当地人提供就业机会，减少人才流失。新时代校友经济以高校牵头，高校所在地政府进行政策协助，将校友企业或项目落地于学校所在城市或区域，从而带动当地经济发展，在为学校赢得更高社会声誉的同时，也能够带动区域经济的发展，减少本地培养的人才流失，甚至引进高端技术人才，推动产业技术的进一步升级，从而形成良性循环，有利于缓解我国区域经济发展不平衡、人才分布不均衡的现象。

（6）有助于实现三方资源互补。

对政府、高校和校友三方而言，每一方都拥有自己所享有的独特资源，但是想要自身获得发展，还需要来自其他方所拥有的资源。例如政府想要推动当地经济的发展，除了本身能够提供部分良好的政策支撑外，还需要广大校友所拥有的财力和智力资源。另外，对于校友而言，要想自身的事业能够得到良好的发展，除了需要校友企业和其自身的专业技术过硬以外，还需要来自政府的政策支持以及其他资源。这意味着学校不仅不能脱离其他社会群体独立发展，更意味着学校对于来自各方面的资源依赖程度会越来越大。比如大学既需要政府财政和政策的支持，还需要校友的资金捐助以及共同开展的技术研发、学术研究等活动。因此，对校友经济进行研究和探讨，能够充分调动政府、学校和校友三方面的资源，形成优势互补，实现各方面资源的最大化利用。

（7）有助于构建可持续发展机制

政府、学校、校友对资源的不同占有意味着在构建"政府-学校-校友"三位一体的长期发展合作关系上具有现实意义。政府推动地区经济发展是一个长期过程，校友的培育和校友平台的建设以及校友资源的引进也是一个持久的过程，学校对人才的培养以及对专业技术的研发等更是一个长期追寻的目标。每一方面都在追求长远且能够持续循环的发展机制。因此，研究校友经济的运作机制，对建成三位一体的良好合作关系做好统筹规划具有现实作用。

综上，随着社会经济的深入发展，企业之间的竞争也日益激烈，尤其是企业对科技创新的要求和重视程度逐渐加深。提高我国技术转化率，促进产学研的高度融合，校友的作用不可忽视。不同学校的校友能够为企业和学校之间搭建沟通合作的平台，企业能够通过引进高校人才来获得知识和技术支撑，同时学校也可以依托企业将自身的科技成果投入市场以实现检验和转化的目的，一方面发挥科研成果的价值，另一方面也可以通过企业收集市场信息来推动科研的进一步发展。校友是大学使命的实践者、民族文化的传承者和社会文明的推动者，是推动学术创业化和知识资本化的重要载体，因此想要将研究型大学融入经济发展当中，不断推动专业知识技能等形成产业化，加速知识资本化进程，除了学校本身主动谋求发展和政府政策支持以外，校友资源的维护和发展更是必不可少。总之，校友经济学研究主要是为新时代经济发展提供一个新的发展视角，因此，在研究对象上并不只是简单地将校友和学校进行联系，而是以"新时代校友经济"的概念为出发点，研究"政府－学校－校友"三位一体的新时代合作机制。

第三节 关键性概念解析

一、校友资源

校友资源是高校或地区发展中可利用的重要资源，是形成和衡量校友经济的主要部分，具有多元性、广泛性、综合性、动态性和潜在性等特点。多元性是指高校发展多年之后校友资源往往在行业、地域、层次、年龄梯度、社会影响方面都存在多样化。广泛性则是指高校每年的毕业生规模庞大。综合性是指校友资源可为学校提供人、财、物、信息等多方面的综合性贡献。若能充分利用校友资源，将在财政支持、参与教学科研过程、就业安置服务、高校公众形象建设、校园文化建设、区域经济发展等方面获得综合性支持。动态性是指校友资源不是一成不变的，而是随着时间的推移在多元性、广泛性、综合性方面不断推进发展的一个良性循环过程。潜在性是指许多校友资源因为地域、年龄等各种限制，还未充分利用与开发，存在较大的开发潜力。

二、校友经济

传统意义上的同窗经济是一种自然而然的社会现象。从古至今，不论国内还是国外，同窗经济或者同学经济就一直以各种形式存在。校友经济学是一种应运而生的学术思潮和学术范畴，只有在校友经济高度发达的当今社会，才有校友经济学建立的迫切性和现实的可行性。从这一点出发，我们认为校友经济学和校友经济在新时代所体现出的新特点是难以分开的，这些新特点如下：

第一，互联网和"互联网＋"时代的到来使得校友间频繁互动成为一个不可回避的事实，不仅表现为校友之间的互动次数变多，也表现为校友之间互动的内容更丰富、互动的广度延伸等，因此校友经济学一诞生就与网络时代密不可分。互联网上的人际关系是现实中的社会关系网的投射，从某种意义上是社会关系网复杂性重构的体现。互联网经济正日益取代传统经济模式并成为驱动供应链走向数字化和智能化的重要工具。从这个意义上来讲，校友经济是互联网经济的组成部分，甚至可以说是互联网经济发展的产物。

第二，社会各界普遍产生了对于传统关系互联网化和现代化的迫切需求，这是市场经济发展到一定阶段，重新挖掘社会深层次的潜在资源，重新发现其价值并应用于商业实践活动的必然要求。而校友经济就建构在这一现实需求之上。

第三，校友经济快速升温的同时也出现了一些瓶颈，可能对校友经济的良性发展造成阻碍，因此需要上升到校友经济学的理论层面和实证层面，用规范化的系统研究去洞悉上述问题的根源，研究问题并提出解决办法。

第四，校友经济以相互合作、互惠互利为前提。校友经济需要提前建立一定的情感基础，即提前构建天然的社会信任基础，在互联网技术的支持下，这一信任机制可以得到进一步的巩固。

实际上，上述几个特点也构成了我们研究校友经济学的客观条件。

三、校友经济学

校友之间之所以会形成"分头努力、各自向好、彼此认同、守望相助"的态势，是因为其曾经有过特定的人生交集，形成了深刻的情感纽带。这是校友经济形成的天然基础，也是充要条件。值得注意的是，不同国情环境下造就的校友情感元素的属性是不同的，本书重点探讨在中国文化背景下校友关系的社会经济学特点。

校友关系一般分为三个层级：第一层级为特别要好的关系，第二层级为点头之交的关系，第三层级为仅互相知道名字的关系。当然，不少社会人士还会联络第四层级的校友——陌生校友。校友关系属于复杂的现代社交网络的组成部分，属于大网络中的小型网络，若要保证这一网络的正常运作并提升其运作效益，就需要复杂的网络控制科学手段，这也是校友经济学的研究范围之一。本书对校友经济学的定位是在数字经济环境下，经济主体（含企业、金融机构、个人等）利用某种特殊的社会关系进行资源整合与财富创造的经济行为理论，从而带动整个区域的经济发展和产业升级。本书认为，跟当前的很多新创经济学一样，校友经济学也是一门交叉学科，融合了行为经济学、演化博弈理论、新制度经济学、社会网络理论等众多学科的基本研究方法和研究范式，既隶属于行为经济学，又是网络经济学的下属学科。在互联网等技术的基础设施发展较为成熟，信息渠道、社会关系渠道构造愈加精细化、复杂化的当今时代，校友经济蕴含着较大的研究价值。

第四节 研究内容

伴随着信息网络技术的延伸和人类社会关系的更新，基于校友圈互动、校友捐赠活动、校友间经济论坛、校友"双创"经济等的校友经济活动的广度和深度也将得以扩展和强化。在这个过程中,校友资源作为一种确定性战略型资源在联结经济与社会发展方面所发挥的作用不容忽视,必将受到学术界和业界各方人士的高度重视。据此,本书针对校友经济活动所蕴含的校友经济及其校友经济学问题展开了系统的分析与研究,整体内容共分为五章,各章具体内容如下:

第一章为概述。本章首先阐释了本书的研究背景和意义,界定了与校友和校友经济相关的一些关键性概念,进一步阐述了本书的研究内容和创新性。

第二章为校友经济学相关理论基础。本章主要阐释了与校友经济学相关的一些理论,这些理论包括马克思主义哲学中的社会关系理论、社会网络理论、经济信息理论、城市空间经济理论、三螺旋理论、动态合作博弈理论、新制度经济学理论、行为经济学理论以及产业组织理论。

第三章为校友经济学研究进展。本章主要从校友资源开发和利用、校友关系维护、校友经济参与主体行为、校友"双创"活动这四个方面对已有相关研究进行了梳理、归纳和总结。

第四章为国外校友经济发展状况。本章以美国、英国校友经济发展为例,对美国、英国校友经济的发展现状与发展动态展开了分析与阐述。

第五章为校友经济学的理论模型与实证研究。本章首先建立了校友经济理论模型,然后在此基础上利用目标城市校友经济发展数据进一步实证研究了高校教育资源、经济发展对校友经济的影响。

第六章为中国校友经济发展对策。本章在阐释校友经济学特色的基础上进一步论述了中国校友经济的发展路径问题。

第五节 创新之处

从整体内容来看,本书的创新之处在于:

(1)研究视角的创新。目前关于校友经济行为的研究主要分为两类:一类是研究校友捐赠经济行为,这类研究占据主导地位;一类是研究校友"双创"行为。在这两类研究中,已有研究文献并未清楚区分和界定校友经济的内涵和边界,而是将校友捐赠经济行为直接视为校友经济,从校友捐赠经济行为的视角来研究校友经济。本书认为,无论是校友捐赠、校友会的日常运作和经济行为、校友"双创"活动、校友圈的互助行为等,都是属于校友经济学理论体系的一部分。将校友经济学视作经济学二级学科,有着系统化的理论支撑和应用范畴。首先,与已有相关研究不同,本书的目的是研究中国特色社会主义的校友经济,其本质是以马克思主义和习近平新时代中国特色社会主义思想等重要思想为指导,为社会主义初级阶段中国经济与社会发展提供服务。其次,校友资源作为一种确定性的战略型资源,其价值不言而喻,如何进一步深入挖掘和利用校友资源以形成系统性的校友经济学将会受到越来越多的关注。在互联网时代的特殊人际关系网、新时代高校人才培养的模式以及全民"双创"活动的大背景下,校友经济必然会与管理学、区域经济学、发展经济学、国民经济学等学科产生日益增强的关联，并逐渐形成一个相对独立的校友经济学学科。据此，本书在已有研究的基础上，拓展了校友经济的内涵和边界，并将校友经济与社会网络理论、三螺旋理论、新制度经济学理论等理论相融合，系统性地研究了校友经济。

（2）研究方法的创新。与已有相关研究不同，本书既采用了理论推导法和实证研究法等数理研究方法，也采用了对比研究法、案例分析法等非数理方法，这些方法镶嵌于各个章节，共同服务于校友经济学这一主题研究。需要特别强调的是，本书第五章不仅构建了校友经济学的数理模型，也对校友经济发展展开了实证分析，这是以往相关研究所不具备的。更为重要的是，目前国内校友经济的理论研究远远落后于其实践活动，这不仅不利于校友资源的深度开发和校友经济的深入发展，而且有可能削弱各个参与主体的积极性，而本书将校友经济提升到学科高度，对校友经济展开了系统性的分析，可有效地弥补已有研究存在的不足。

第二章　校友经济学相关理论基础

第一节　马克思主义中的社会关系理论

一、马克思关于生产力与生产关系相适应的理论

社会关系源于生产关系。校友经济属于经济基础,既反映生产关系,也蕴含着丰富的社会关系。"校友经济学"一词可以拆分理解为"校友经济"和"关于校友经济的学问"。前者反映的是某种经济活动现象,后者是对这种现象的理论和实践研究的总结;前者是适应当前社会生产力的生产关系在校友层面的体现,后者是对这种生产关系所具有的全部特点的研究总结。

马克思主义认为生产力决定生产关系。我国经过40多年的改革开放,生产力水平已经有了较大提升,那么与此相对应的生产关系也应该更为先进。在生产力水平较低的时候,比如原始社会,物质资料极度匮乏,不可能有剩余产品,从而就不会有私有制这种相对于原始社会来说更为先进的生产关系。在改革开放初期,我国生产力水平相对较低,所伴随的生产关系也相对低下,导致当时企业的经营效率普遍较低。20世纪80年代,我国物质文化水平依旧处于较低阶段,随着生产力的快速发展,过去陈旧的生产关系与发展中的生产力无法相互匹配,从而衍生出非公有制、股份制、有限责任制、外资参股、PPP(政府和社会资本合作)等形式作为原有生产关系的补充,并在社会发展逐渐完善的背景下,结合现代管理手段,最终形成了与企业生产力发展相适应的资本市场,包含证券市场、期货市场、大宗商品市场、外汇市场、固定收益市场以及基金市场等。本书认为,基于马克思的这一理论,在新时代中国特色社会主义和互联网时代等背景下,企业为了实现盈利和增值,对生产关系变化有了更多元更丰富的要求,合理地利用校友经济就是当前众多企业改善生产关系的一个重要途径。本书的研究目的之一就是发掘校友经济的潜在动能,帮助企业实现更多维度的收益,这是微观的经济效益。从宏观的社会效益上来看,各个企业之间通过校友关系构建起的网络所产生的效益远大于原先孤立的企业创造效益的总和。

马克思主义还认为生产关系对于生产力具有反作用,如果生产关系不能与生产力的发展相适应,那么生产关系就要改良或改革。我国在改革开放伊始便确立了以经济建设

为中心的宗旨，解放思想、实事求是，大力进行国企改革、农村经济改革、沿海对外开放、完善金融市场等，在宏观层面改良生产关系。

马克思在《资本论》中曾经重点对资本周转中的生产时间、流通时间等进行了描述，认为生产时间除包括生产加工的过程所经历的时间外，也包括原料压仓的时间、采购的时间、自然力作用的时间等。马克思认为生产时间是能够带来价值的，这是劳动者创造价值的延伸，我们把这些延伸价值称为虚拟价值。这样看来，劳动既能够创造实际价值，也能够创造虚拟价值。现如今，校友经济所存在的价值对不少企业而言正是一种虚拟价值，是一种通过社会网络效应所创造的虚拟价值。基于社会网络的虚拟价值具有共享性、可复制性和规模性等主要特征。

共享性。马克思认为资本家之间共享资源（比如信息和网络、知识和技能、有价值的情报等虚拟资源）是建立在生产资料私有制基础上的，反映的是全社会的资本家共同支配这些资源，以此来剥削劳动者阶级，其最终目的是通过共同剥削全社会的劳动者来生产更多的平均利润。与之相反的是，我国企业之间利用包括校友资源在内的共享性资源的目的是希望能够改进企业的经营方式，更好地服务于我国社会主义市场经济建设，是我国社会主义市场经济自我完善的必要手段，最终目的是为社会主义的共同富裕服务。

可复制性。可复制性指的是用很小的成本或者零成本就可以对虚拟资产进行复制，这里将网络资源和校友关系这种无形资产都称为虚拟资产。与传统的实体资产相比，虚拟资产的创立过程可能更加复杂，甚至成本更为高昂，但是一旦构建完毕，可复制性比起传统资产要强很多，且复制的成功率也要高很多。在现代科学技术的推动下，虚拟资本的创建速度提升，复制的效率也大为提高，大规模精准地对虚拟资产进行复制已成为可能，这就大大地减少了企业家的成本。当然，虚拟资产的运作也是符合马克思主义政治经济学基本原理的，虚拟资产的创建、运行维护、安全保护、变现、价值估计等相关业务都是与马克思的经济学思想高度一致的。

规模性。虚拟经济的共享性和可复制性必然带来其规模化，规模化也是虚拟资产最鲜明的体现。马克思主义政治经济学认同规模经济的存在，规模经济来自单位产品成本的减少，其产生原因是技术进步、资本积累或集聚和时间节约。虚拟资产的表现形式主要是知识产权、信息、网络资源、社会关系资源等，虚拟资产唯有在规模经济下才能发挥效应。反之，规模经济的发展和壮大，也能加速虚拟资产发挥效应。

显然，校友资源是现代社会的重要资源，也符合前面所述"虚拟资产"的定义。首先，校友资源是需要花时间来创建的。所谓的虚拟资源必须要经过人工开发，没有经过合理开发的校友关系不能算是校友资源。其次，校友资源具有一定的共享性。校友资源不是固定不变的，伴随着校友资源的动态变化，校友规模会逐渐扩大，关系网逐渐丰富，使得可共享资源数量迅速提升。再次，校友资源具有规模性。越来越多的企业家意识到参与校友关系网络将会为他们带来更多的规模性的经济利益，甚至可以带动整个区域的产业升级和经济发展。

二、马克思关于人的本质的理论

本书所指的校友经济是符合中国特色的校友经济，在此基础上所构建的校友经济学也具有明显的时代印记和社会特征。本书所指的校友经济的一切参与主体、组织方式、活动方式、精神实质等社会经济关系，都是马克思所认为的人的本质的一部分。马克思在《关于费尔巴哈的提纲》一书中提出人的本质是"一切社会关系的总和"。在《1844年的经济学哲学手稿》当中，马克思又认为人的本质属性是所谓自然性与社会性、受动性与能动性、类本质与个体本质的辩证统一，并且在实践基础上完成了建构。按照马克思的这一观点，巩固、维护和发展好以校友关系为代表的社会关系，是人在社会上生存、立足和获得广泛认可的前提条件，也是本书所论述的校友经济学形成的逻辑前提。马克思认为人虽然同时拥有自然属性和社会属性，但是人的社会属性的重要意义超过自然属性。首先，自然属性是人类赖以生存和繁衍的物质基石，为人提供生存和发展所必需的食物、燃料、土地等生产生活资料，并提供自然科学进步的物资设备。人类通过生产力和科技的不断进步，可以不断改善生活条件和生产条件，创造更加美好的物质世界，并在此基础上创造更加丰富的精神世界。其次，以社会劳动为基础的社会属性是人区别于其他一切动物的根本标志之一，劳动是人类使用其智慧有意识地对事物进行改造的过程。

马克思关于人的本质的理论包含两方面的涵义：

第一，人的活动伴随着一定的社会意识。社会意识是与社会生产力相匹配的，每个社会发展阶段的社会意识都会不同，与生产力发展相适应的经济基础是产生与之相匹配的社会意识的物质出发点。社会意识是上层建筑的一部分，同属上层建筑的社会法律、政治形式、艺术形态、科技发展水平、社会建制和规制等都跟社会意识有着密切的联系。社会意识又可分为社会意识形式和社会意识形态。社会意识形态是指导现实中一切具体劳动和工作的社会意识总纲，具备中国特色的校友经济是符合社会主义意识形态的。社会意识形态在同一种制度和性质的社会中按照不同的历史时期和社会发展阶段，可分为不同的社会意识形式。我国社会意识形态主要有以下几个特征：

以"四个自信"为基础。习近平总书记在庆祝中国共产党成立95周年大会上提出"四个自信"，分别是"道路自信、制度自信、理论自信、文化自信"，是对党的十八大提出的中国特色社会主义"三个自信"的创造性拓展和完善。习近平总书记在2018年8月的全国宣传思想工作会议上的讲话中提出"四个自信"是社会主义意识形态建设的关键。坚持"四个自信"是指导和保障我们实现"两个一百年"奋斗目标和实现"中国梦"的关键。其中，坚持道路自信意味着我们的所有社会活动，包括围绕校友关系和校友资源所开展的社会生产及服务都是围绕建设中国特色社会主义这一基本目标而开展的，是社会主义初级阶段解放生产力、发展生产力和达到共同富裕目标的基础。坚持制度自信意味着参与社会活动的人在心理状态上始终有一种制度优越感，自觉按照这一制度下的各种机制、办法、原则和规定来做事情。比如我们针对中国社会背景下的校友经济学进行分析时，应该明确一切校友经济活动和现象都是中国特色社会主义制度规定下经济个体之间自主行为的总和。坚持理论自信意味着本书所论及的校友经济学，尽管借鉴了一些当代西方经济学的分析方法，但总体上是中国特色社会主义政治经济学理论框架内的一门经济学科，是马克思主义的基本立场、基本方法、基本原则和基本观点在校友经济问题中的应用。坚持文化自信意味着我们在发扬中国优秀传统文化、传播正能量和讲好中国故事的先决条件下，重点巩固和发展社会行为中所蕴含的思政力量。比如校友经济学作为学问本身就具有学科思政和课程思政的鲜明特点。其中，学科思政预示着我们要在学科建设和研究的过程中贯彻马克思主义的立场，坚持捍卫社会主义核心价值观、爱国主义等正确的价值取向和这个时代所应秉承的核心理念。课程思政则是要求在传授这门课程时，要帮助学生牢固地树立正确的价值观，推进中国特色社会主义文化建设与精神文明建设。

具有鲜明的互联网时代烙印。互联网思维跟人类整体进入互联网时代的社会经济组织形式和行为习惯是相伴而生的，不仅是传统社会网络在虚拟空间上的延伸，也是对传统社会网络的调整和重构。现代互联网不仅作为生产工具，拓展了人类的双手甚至大脑，同时也作为生活资料改善了人类的生活品质。利用校友关系网开展经济活动正日益成为一个不可忽视的社会现象，是人类进入 21 世纪后逐渐形成并能够对社会经济产生影响的现象。这一阶段的明显特征就是互联网思维的诞生和演变。中国特色的互联网思维是当代一种主要的社会意识和社会思维。中国特色的互联网思维跟西方流行的互联网思维有本质区别，其典型特征包括求真、开放、平等、协作、分享，万物皆可互联，并注重体现互联网当中的"人"的价值，拓宽了传统人际间的交往方式。互联网所引领的人际交往方式的变革是我国社会进入以"互联网+"为标签的新时代所必然的伴随现象。互联网社交思维是以互联网工具为基础，由各种社交或者泛社交软件共同构筑的，具有鲜明的时代烙印。

第二，人的活动伴随着一定的社会需求。中国特色社会主义经济环境下的社会需求必然跟社会意识是相互配套且相互关联的。中国特色的校友经济需要跟特定的社会意识相适应，也体现了这种意识下的社会需求。校友经济所体现出的经济性质、经济发展阶段、经济发展状况、经济改革方向、经济结构等都是这种社会需求不断变化的产物。

三、马克思关于人的发展的理论

马克思主义认为人与社会发展是相辅相成的，社会发展必然伴随着人的发展，正是由于社会的不断发展，人才能得到全面和充分自由的发展。马克思认为人在积极实现自己本质属性的过程中创造和生产人的社会本质和社会联系，由此可见，人的发展与人的本质是一体两翼，都是完全社会性的概念。社会是不断向前推进的，社会的文明层次、复杂程度、伦理道德、生产生活状态从长期来看都是持续改善的，因此这是一个动态过程，反映的是社会发展。社会是由不同的人组成的，社会的发展跟人的发展密切结合，并从某种程度上反映了人的发展质量，人的发展质量高低也是社会发展质量的重要评价指标。构建中国特色社会主义性质的校友经济学理论体系，合理运用校友资源，实现自我发展，是中国特色社会主义新时代的发展需求，符合马克思主义原理中关于人的发展本质特征、内涵和外延的一系列表述,因此马克思关于人的发展理论也是本书的重要理论来源之一。

第二节 社会网络理论

校友经济是一种建立在校友社会关系网络基础上的经济形态。从理论上来说,校友关系的网络节点之间存在博弈和相互依存的关系,通过理性的互动能够实现特定条件下的群体效用最大化。与校友经济相关的社会网络理论包括结构洞理论、强关系与弱关系理论和社会资本理论。

一、结构洞理论

在伯特《结构洞:竞争的社会结构》一书中提出结构洞理论之前,美国著名学者科尔曼描述了一种特有的社会网络,他将其称为"闭合"。若以三角形的网络为例(见图2-1),A、B、C三人组合中两两建立起联系,那么这样构成的系统就是闭合的。在这样的闭合系统中,任何信息和资源都有可能以最短的路程直接流向网络中的任何一点。如B与C之间可直接进行资源流动,而无须由B经过A再流向C。

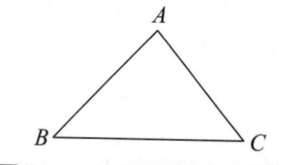

图2-1 三角形的社会网络图

但是,伯特认为在社会网络中并非所有的节点都是有联系的,如果切断上述闭合的三角形系统中任何两者的联系,此时情况就会发生重大变化,那些相互之间没有联系的节点就形成了"结构洞"(见图2-2)。B、C之间无直接联系,这就是一个洞,若此时B的资源流向C就必须经过A才能实现。于是,A在这个系统中就处于一种特殊的优势地位,不仅能享用这个系统中的资源,而且能控制有结构洞成员之间的资源流动。伯特将通过占据其他未联系节点之间的结构位置称为"结构洞",该位置能够获得更大的收益。并且,占据结构洞越多的个体,其优势也越大。

图2-2 三角形的社会网络中的结构洞理论图

结构洞是个人人际网络中普遍存在的现象,在这样的网络中,占据中心位置的主体可以获得丰厚的利益。从社会学的角度来看,结构洞能够为其带来信息利益和控制利益。

（一）信息利益

信息利益表现为三种形式：可接近、节省时间和被提名。可接近是指网络中心者能接触到有价值的信息，并知道有谁在利用信息。节省时间是指个人的交往使他比大家更早地获得某种信息，如警告信息，从而提前采取行动或者把这种信息再投入网络中去。至于被提名，主要是指网络中心者的名字在正确的时间和地点被提到，从而使他被送到机会面前，当然这种被提名代表着未来的机会。总之，结构洞能够使网络中心者获得更多更新的非重复信息（张其仔，2001）。

（二）控制利益

结构洞产生的控制利益是指结构洞会使网络中心者采取第三方得益策略，即利用中心者的信息优势将中心者自己变成第三方，利用第三方的身份得益。这种得益可以分为两种类型：一种类型是第三方利用自身可以在其他行动者之间进行选择的条件得到好处。例如，第三方面对两个买家，两个买家之间没有联系，这时第三方就可以利用一个买家的报价去向另一个买家索要高价。另一种类型为可以在同时发生且相互冲突的需求之间进行选择。如一个买家同时想购买多种产品，这时，第三方可以帮助他进行选择。当然，这种相互冲突的需求可能并非真实存在，第三方为了自身的利益完全可以创造出这种需求。

对于结构洞带来的这两种利益，居于网络中心的行动者一般是信息利益的被动享用者，而控制利益却需要行动者积极主动。此时，动力就成了关键问题。没有积极性，不主动利用结构洞带来的利益，控制利益便只能是潜在的，无法变成实际的利益。而伯特认为只有企业家才能抓住这种机会，使潜在的利益变为实际利益。奥地利学派的卡森也指出，企业家精神应该被定义为对市场的灵敏观察能力，能发现甲地之有与乙地之无，然后搬有运无，有能力也有机会去掌握市场机会。卡森视企业家为信息上的"桥"，能发现两地之有无，并加以运用。实际上，企业家的这种能力也可以称为关系管理的智慧。

从竞争情报角度来看，结构洞由于对信息控制有影响，构成了竞争优势。为此，伯特依据结构洞理论对市场经济中的竞争行为提出了新的社会学解释。他认为，竞争优势不仅是资源优势，而且更重要的是关系优势，即结构洞多的竞争者的关系优势大，获得较大利益回报的机会就高。任何个人或组织想要在竞争中获得、保持并发展优势，就必须与相互无关联的个人和团体建立广泛的联系，以获取信息和控制优势。

值得注意的是，结构洞不是一成不变的，它也有生命周期，其优势会随着运用的增加而消失。结构洞之所以有优势，是因为很少有人运用它，一旦有人开始运用它，并从中得益，其他的人也会随之加入，中介人的那种跨越群体之间的优势就会不复存在。所以，伯特认为，结构洞理论不是一种均衡理论，而是一种过程理论，一种关于结构洞如何消失的理论。结构洞给行动者带来的通常是短期的优势，但在部分情况下，如在网络结构由于文化而保持不变、信息变化过快以至于很快过时等情况下，这种短期的优势会长期化。结构洞理论是一种过程理论，人际网络是在走向均衡时发生作用的。

国内有关结构洞理论的研究主要是对有关结构洞理论在不同行业中的实践应用研究以及针对结构洞理论本身的研究。胡蓉（2005）尝试利用矩阵分析算法和网络图技术，以结构洞理论为基础，研究一个企业行动者个人人际情报网络辅助分析系统。骆群（2006）通过结构洞理论的启示对职务犯罪根源进行分析，认为为了社会正常有序地运行而设立的职位上相应职务的行使者，相当于伯特的结构洞理论中的坐收渔翁之利者。王旭辉（2006）对结构洞理论进行了具体的介绍、分析以及评价，认为结构洞理论不能回避这样两个问题：一是当事者运用特定的人际关系网络，从事对自己有利的活动时，是否给他人或社会带来了消极的外部影响？二是当我们考察正式结构（法律、组织、制度）和非正式结构（人际关系、伦理道德等）对经济行为（如信任和秩序）的影响时，如何判断和选择这两种类型的要素？以何种比例的配置为最佳？

二、强关系和弱关系理论

关系概念最初出现在对劳动力市场的分析中。格兰诺维特于 1973 年在《美国社会学杂志》发表了《弱关系的力量》一文，提出了"强弱关系理论"。他从互动频率、情感强度、亲密程度和互惠交换四个维度界定了关系强弱，认为互动的次数多、感情较深、关系亲密、互惠交换多为强关系，如家庭成员、挚友、同事等。弱关系为通过社交媒体有一定联系的对象，互动较少，亲密程度低，如在微博中关注的名人、客户、贸易上的伙伴等。强关系和弱关系都属于用户的社会关系。格兰诺维特在此基础上进一步认为，强关系往往是在个人特质相似的群体内部形成的，因而个人通过强关系获得的信息也往往是自己所知道的且重复率较高的信息。而弱关系往往是在不同群体中的个人之间形成的，由于这些个人间相似程度低，他们掌握的信息大不相同，因而弱关系可以将信息传递给不熟悉此信息的另一群体的人，更能充当跨越社会群体界限获得信息的桥梁。格兰诺维特认为虽然强关系是一种坚固的关系，但弱关系在传播速度、成本和效能等方面具有优势。

在社交媒体中，用户间关系对于信息的扩散、分享、交流以及购买决策都起着重要作用（张亭亭、赵宇翔，2016）。韩玺、何秀美（2017）运用强弱关系理论发现强关系对提高用户接收信息质量有正向影响作用，从而激发用户的购买意愿。这是因为从强关系中更能得到信任的信息，而信任有利于信息的传播。赖胜强、韩玺和齐云飞（2017）认为，用户更关注和自己具有强关系的其他用户，更愿意转发来自强关系用户的信息。李佳军（2017）指出国内机构在引进海外人才时，社会网络中的强关系在人情交换、充分信任和障碍克服中占有优势，而弱关系则在信息交流和提供资源方面占有优势。可见在强弱关系对信息分享和传播的影响研究中，国内外学者由于研究的角度和内容不同，导致研究结果出现矛盾。冯娇、姚忠（2015）基于强弱关系理论，对比分析了强关系和弱关系对用户接收信息、购买意愿的影响，从社会互动方面剖析了社会化商务的社会关系营销本质，强调了强关系对用户接收高质量信息并减少接收大量无用信息的作用。单春玲、赵含宇（2017）也基于社交媒体环境，依据强弱关系理论分析了用户关系强度对商务信息转发的影响，并从社会驱动层面和个人驱动层面提取了商务信息转发的影响因素，认为社交媒体本身是信息发布和交流的平台，用户间既存在强关系也存在弱关系，由于弱关系分布范围较广，因此弱关系在信息转发上的影响要大于强关系。

三、社会资本理论

社会资本理论对个人、组织以及社会进行了各种层次的分析。社会资本理论突破传统的经济发展视角，通过社会的规范来研究其对经济的推动以及阻碍作用。同时，社会资本理论研究已深入管理领域，并为其提供了一个新的研究思路。

（一）社会资本理论的社会学来源

从字面看，社会资本是"社会"和"资本"两个词语的组合体，因此，社会学的研究理论自然就是其最基本的一个来源。雅各布斯是较早对社会资本进行研究的学者，后来许多学者在其基础上进行了补充和完善。20世纪80年代，法国社会学家布迪厄发表了《社会资本随笔》一文，正式提出社会资本的概念——社会资本是实际或潜在的资源的集合体。正是因为有了彼此的联系，人们之间才拥有了社会资本。布迪厄对社会资本的构成进行了分析，认为社会资本由两部分组成：一是社会关系本身，它可以使社会中的个体获得群体所拥有的资源；二是所拥有的这些资源的数量和质量。他提出，个体不断增加的收益是通过参与群体活动获得的，为了获得和创造这种资源，个体会对社会能力进行策划与构建。

布迪厄分析了经济资本、文化资本和社会资本等各种形式的转化，并认为社会中的个体通过社会资本能够获得经济资源，这些经济资源包括投资方法、补助性贷款以及市场保护等。另外，行为主体通过与拥有知识的专家交往，可以提升其知识资本以及文化资本等；通过社会网络可以与网络中的机构形成密切的关系，建立相应的关系网络。总之，社会资本的积累主要依靠网络中的行为主体拥有的资本数量和质量进行，同时还依赖于其关系网络的规模。布迪厄在理论上进行了系统的分析，他是将社会资本的概念与理论引入社会学研究中的优秀学者之一。

在推动社会资本理论发展的过程中，林南研究了社会网络与社会资源之间的关系，在他的论述中，虽然没有使用社会资本一词，但提出的社会资源与社会资本的含义基本相同。格兰诺维特在1973年提出了"弱关系"的概念，他在研究个人求职问题时引入这一概念，认为求职者不一定要通过强关系去获得与自己匹配的工作，也可以通过弱关系来获得相应的工作。1985年，格兰诺维特又在《社会结构与经济行动：嵌入性问题》一文中研究了"嵌入性"概念问题。他提出，经济生活不是独立存在的，是嵌入社会网络中的。林南在格兰诺维特研究的基础上，提出社会资本可以获得资源，这些资源可以让个人得到更多的益处，以满足自己的发展需要，但是社会资本必须嵌入网络社会中才能获得这些资源。他在研究个体拥有这些资源的时候，分别从资源的数量和质量方面予以论述，认为有三个因素影响资源的获得：一是异质性，也就是个体在社会网络中与其他个体相比具有与众不同的特点和资源；二是网络成员的资源拥有量，也就是网络成员在网络社会中的地位；三是关系连接强度，也就是个体与网络成员之间的联系频率及交往的深度。林南还基于格兰诺维特的"弱关系理论"提出，在社会结构中社会是分层的，如果个体行动时，他通过"弱关系"将获得更多的社会资源，这也是个人发展和创新的一个方面。为了对社会资本的指标进行度量，在2001年，林南建立了社会资本指标体系，并对社会资本进行了理论建模。

上述研究主要是针对个体进行的，将社会资本理论的运用扩展到宏观层面的主要代表人物是帕特南。20世纪90年代初期，他运用调研的方法对社会资本在政府中的运用进行了研究，通过对意大利政府长达20年的跟踪调查和对比分析，发现社会资本在地区之间具有差异性，这些差异造成意大利中部和南部企业的发展差异。他还对人力资本、物质资本及社会资本三者进行对比分析，认为社会资本的基本特征是基于社会组织提出的，比如信任、规范以及相应的网络。这些基本特征如果能够在社会中体现出来，将能够提高社会效率，因为人力资本以及物质资本可以通过社会资本予以提高。社会资本对世界经济的发展有推进作用，是经济发展的关键因素。1995年，帕特南提出社会资本与其他资本不同，社会资本不是一种私有财产，而是其他社会活动的副产品。如果一个社会是信任和互惠的，就会变得更加和谐，因为信任、规范和网络对于社会的发展具有积极作用，产生积累和强化效应。

（二）社会资本理论的经济学来源

经济学思想对社会资本理论的发展具有重要的推动作用，许多经济学家在对经济理论的研究中运用了社会资本的概念，比较典型的学者有劳里、科尔曼等。

1977年，劳里论证了社会资源和人力资本之间的关系，提出社会资源对人力资本具有重要影响。劳里使用了社会资本的概念，认为社会资本是存在于家庭或社会组织中的重要资源之一，对家庭成员尤其是儿童的社会化与人力资源的发展有着重要影响。劳里用黑人作为例子，提出黑人由于难以获得平等的教育机会且缺乏物质资源，因此缺少市场信息和工作机会，也就从根本上淡化了与劳动力就业市场的关系，缺少社会网络资源获得途径。在劳里的论述中，他借鉴布迪厄的社会资本理论分析经济学问题，但是劳里没有对社会资本的理论展开系统的论述。

另外一个具有影响的经济学家与社会学家是科尔曼。1988年，科尔曼从人力资本与社会资本的关系出发，研究了社会资本对人力资本的作用。他对社会资本的定义主要借鉴了劳里、格兰诺维特和林南的理论，从社会结构角度对社会资本的概念进行了论述。他提出了人一出生就拥有三种资本和五种社会资本的形式。自然人与生俱来具有三种资本，这是谁都具有的资本形式。第一，由于遗传从而具有的人力资本，这是遗传因素造成的，因此每个人具有的人力资本是有所差异的。第二，物质资本，这也是人一生下来就具有的不同资本，比如拥有的货币、土地等。由于每个人出生的背景不一样，因此具有的物质资本形式就不一样。第三，社会资本，这是由人所处的社会环境造成的。社会资本是拥有社会资源的财产，它必须存在于社会网络关系中。科尔曼论述了社会资本的五种形式：一是义务与期望，二是信息网络，三是规范和惩罚，四是权威关系，五是社会组织。在第一种形式中，个体为他人服务时确认别人也会对自己目前或者未来进行义务回报，如果这种形式成立，个体就拥有社会资本。他对这种形式进行了隐喻，比喻成"义务赊欠单"。在第二种形式中，个体可以通过社会网络获得有益的社会信息，这种信息可以给个体带来就业或者其他方面的收益，如果这种社会关系存在，个体就拥有社会资本。在第三种形式中，他论述了规范和惩罚的关系，认为规范可以通过有效的惩罚解决问题。在第四种形式中，因为权威可以影响他人，从而为解决网络中个体产生的矛盾和问题提供帮助，尤其是在解决共同性问题时发挥重要作用。第五种形式就是通过有意创建的社会组织从而拥有社会资本。在此基础上，科尔曼于1990年出版了专著《社会理论的基础》。他运用经济学的研究范式对社会资本概念进行了扩展，并从中观层次对社会资本进行考量，突破了微观层次研究社会资本的范畴。

科尔曼从经济学角度对社会资本作了系统论述，但是有学者认为其提到的概念诸如社会资本拥有者、社会资本的源泉等经常被混用，需要从根本上界定社会资本的起源，也需要对社会资本的性质进行全面研究。波特斯就是这种观点的支持者，波特斯认可格兰诺维特的观点，对嵌入性理论推崇有加。格兰诺维特借鉴嵌入性理论，对社会资本进行重新定义，即个人通过他们的成员身份在网络中或者在更宽泛的社会结构中获取稀缺资源的能力。这种能力不是个人固有的，而是个人与他人关系中包含着的一种资产，社会资本是嵌入的结果。在对嵌入性的研究中，他将其分为两种形式：结构性嵌入和关系性嵌入。关系性嵌入和结构性嵌入的出现时期是不同的，一般来说，关系性嵌入建立的基础是社会网络中双方对于互惠的期望，当双方能够嵌入成为网络的一部分时（这时的嵌入性称为结构性嵌入），信任就会增加，各种约束因素也会被社会网络强制推行，从而增加更多有利于双方发展的特征。为了对科尔曼的资本形式进行更细致的分析，他对社会资本的两种形式进行了区分，即分为"价值内向投射"和"有限团结"。其中"价值内向投射"是指在社会网络中，由于价值的积累效应可以使其在网络中进行内化，形成一个社会联系价值的氛围和道德，从而推动个体在与他人联系时，对方由于价值使然而可以将资源转让；"有限团结"是指能够认同网络集团内部的目标和价值观，从而推动个体建立社会关系的时候可以考虑资源的转让。波特斯主要借鉴嵌入理论，分析了个体社会关系特征的不同，并对社会资本结构化的动因进行了区分。

1990年以后，社会资本的概念成为热门词汇，被国际组织、政府组织和营利机构采用。一些学者从经济学视角研究社会资本，提出社会资本对经济发展存在主要影响。这些学者包括埃文斯、方丹和福山等。1996年，埃文斯基于发展经济学的视角，研究了社会资本的内涵，提出社会资本的核心是规范和网络，只有两者俱备，才能称得上是具有意义的社会资本。社会资本推动了市场交易制度完善，提高了市场的效率。方丹研究了社会资本和科技创新的关系，提出社会资本推动了科技创新发展，并给美国联邦政府提出了政策建议。学者福山在1995年连续撰文，分析社会资本对经济发展、社会稳定及社会信任的影响，提出在进行经济发展分析时，除了对传统的资本（如物质资本和人力资本）及资源进行分析外，还要充分考虑社会资本。社会资本具有比传统资本更高的价值和收益，因为社会资本可以增加社会网络中人与人之间的信任关系，使得社会信任度提升，为创新提供基本条件。社会网络中的信任增加，不但能够为创新提供基本条件，还能够使企业规模快速扩大，从而拥有更多的社会资本，使得小型企业加入该网络中,并通过信息化手段增进企业之间的联系。

(三) 社会资本的定义

从上述研究可见,有的学者从管理学视角分析社会资本,有的学者则从经济学范畴研究社会资本,这也说明了社会资本的概念是具有争议的,但其共同的观点就是社会资本是一种新的资本形式,是区别于传统资本的概念。学者们对社会资本研究的不同视角导致社会资本定义的差异。社会资本的定义包含三个方面:关注外部关系、内部关系以及内外部关系。

第一种观点对社会资本的定义主要关注外部关系,这种关系也称为社会资本的桥梁形式。该观点认为,社会资本必须是个体与个体之间具有联系性的外部资源,是必须存在于社会网络中的,更关注外部之间的联系以及关系的建立。这种观点被运用于很多方面,比如个人在竞争中的差异、企业在竞争中的差异、个人行为被网络中其他个体直接或间接影响以及集体行为受到网络其他集体的影响等。也就是说,从这个角度分析社会资本的概念,更容易受网络理论的影响。

第二种观点认为,社会资本的定义应该关注社会的内部关系,这种关注内部关系的社会资本形式被称为社会资本的联结形式。这种观点在社会中心论中有重要体现,网络社会学也倾向这种观点。

第三种观点认为,社会资本的定义应该在外部与内部之间中立。这种观点得到了较多学者的支持。他们认为,在对社会资本进行研究时,所谓内外部的差异就是研究和分析的单元差异,其实质并非相互对立,而是相互影响与共同作用的结果。比如,集体行为主体在采取行动的时候,不仅仅受到网络外部的影响,还受到企业内部联系方式和结构的影响,其行动效果是内外部共同作用的结果。

基于上述三种观点可知,社会资本是一种新型资本,区别于传统资本,能够使社会网络中的主体获得一定的资源和收益,其核心特征是信任、规范以及网络。

(四) 社会资本的测量

社会资本是促进两个或更多人合作的一种非正式规范。一个组织中社会资本的多少,反映了该组织内部成员共同遵守规范的强弱和成员之间凝聚力的大小,或者说组织对成员影响力的大小。那么,如何度量社会或群体的资本呢?社会资本的测量一直存在争议,国内外学者经过一系列研究,形成了不同的测量方法和指标体系。

布迪厄认为,社会资本是实际的或潜在的资源集合体,这些资源对某种持久的网络的占有密不可分,这一网络是大家共同熟悉且得到公认的一种体制化的关系网络。在获取更多的、不同的和有价值的信息方面,网络中"桥梁"的占据者有可能拥有竞争性优势。关系强弱也被证明是测量"桥梁"有效性的尺度。格兰诺维特指出,随着信息传递路径长度的增加,信息传递所需的成本也增加,且顺利到达目的地的可能性会缩小。

目前,主要从社会资本的三个基本成分(信任、规范、网络)出发,寻求替代指标对其进行测量。一些学者采用个人网络方法(即互动法、角色关系法、情感法和交换法)构造问卷进行调查和分析。帕德姆通过对社会资本概念进行分析,提出社会资本的度量有直接实验方法和间接样本方法。克里希那和施拉德构建了一种更加复杂的调查表，试图包含社会资本的所有形式。他们将调查研究按社会层次分为四类：个人—家庭、邻居—社团、地区、国家。怀特利合并了一些社会资本的测量方法，提出外生成长模型，并对134个国家按照每单位资本GDP进行回归分析。

以社区或社群等为研究范畴的学者对社会资本作了大量的实证研究，提出较多的测量方法。帕德姆基于一系列不同因素，包括政府提供服务的有效性、公民对邮政和电话需求的充分满足、司法体系的质量等，对如何维持良好运作的测度指标进行了详细研究。福山对帕特南的方法加以修改，以诚信等调查数据来测量社会资本。布伦和奥尼克斯对社会资本进行了小规模研究测量，设计社区的参与、社会背景中的能动性、信任和安全感、邻居间的联系、家庭与朋友的联系、差异化的承受力、生活价值、工作联系等问题，通过微观调查数据来测量社会资本水平。

在从个人及社区层面对社会资本进行测量的基础上，各国学者及政府部门开始对国家层面的社会资本进行分析与研究。新西兰统计局将社会资本测量分为三个维度：人口数据、参与数据、态度数据。施佩勒贝格认为，态度数据是需要考虑的核心问题之一，因其可体现出共同的价值观、期望与信念。弗奈普认为应从三个方面测量社会资本：公民有个人需要时，社会网络可提供帮助的人的数量、该人群中愿意提供帮助的强度和该人群中所能提供帮助的能力。帕特南从两个层面测量了美国社会资本：一是美国人参与社会公共事务的情况，用公民参加各类社会组织机构的人数来表示；二是美国人参与政治的情况，用投票率和公民对政府的信任程度来表示。帕特南根据测量结果得出美国社会资本正在逐渐衰减的结论。

第三节 经济信息理论

一、定义与发展

美国普林斯顿大学的经济学家弗里茨·马克卢普最早对经济信息学进行研究。1962年，他在《信息经济入门》一书中第一次明确提出了信息化发展的意义以及发展知识产业的重要性。弗里茨·马克卢普之后，美国哈佛大学信息资源政策研究所探讨了信息关联产业如何定位的问题。斯坦福大学马克·尤里·波拉特博士对信息经济作了进一步研究，他的划时代研究成果——《信息经济》于1977年出版，其突出贡献是改进了柯林·克拉克对产业的三分法（第一产业、第二产业、第三产业），提出四分法：农业、工业、服务业和信息业。他同时将信息划分为第一信息部门（向社会提供信息产品和服务的企业）和第二信息部门（非信息企业和政府部门内部的信息服务）。

经济信息学研究了信息与经济的内在联系、信息的经济效果及经济信息的性质和利用等问题。首先，经济信息是对经济运动属性、状况、特征与功能的一种客观描述。经济运动发生在不同的系统、行业和部门，如国民经济中的农业生产、工业生产、交通运输、商业贸易、财政金融等。不同属性的经济运动在不同时间、地点、场合、环境条件下，其状态、特征、功能是不同的。其次，经济信息是对经济运动本质和规律的真实反映。经济信息不但要对经济运动的状况和特征进行客观描述，而且要对其本质与规律进行真实反映。经济运动的本质是指经济运动本身所固有且决定事物性质、面貌和发展的根本属性。经济运动规律是指各经济运动客观事物之间的内在必然联系，这种联系不断重复出现，在一定的条件下经常起作用，并且决定事物必然向着某种趋向发展。只有经济信息对经济运动的本质与规律做出真实反映时，经济决策者才能做出正确且科学的经济决策，才能对经济运动产生积极的导向作用。再次，经济信息反映经济运动的状况、特征、功能、本质与规律等诸多情况。从时间上说，有过去、现在与未来的状况；从层状上说，有表面、内在、本质规律情况；从量质上说，有量、度与质的情况；从其过程上说，有生产、分配交换、消费等情况。

从以上分析可知，所谓经济信息，是对经济运动变化发展状况、特征、本质、规律的最新反映，是经济运动联系的客观表征。但是，对经济信息的理解还存在着不同的观点：一是"统称论"。"统称论"认为经济信息就是反映经济活动实况与特征的各种消息、情报资料等的统称，这种观点的缺陷是没有区分经济信息、经济消息、情报、资料等的差异。经济信息是经济消息的内核，经济消息是经济信息的外壳，经济信息是经济知识的原料，经过人脑接受、选择处理而形成经济知识，经济知识中含有经济情报，经济情报是进入人类交流系统的知识。因此三者关系为：经济信息＞经济知识＞经济情报。经济信息载荷于经济资料中，经济资料中含有经济信息。二是"情况论"。"情况论"认为所谓经济信息就是经济情况。此观点难以完全表达经济信息的基本特征并说明经济信息的功能本质与规律。三是"描述反映论"。"描述反映论"认为经济信息是对经济运动及其属性的一种客观描述，是经济运动中各种发展变化和特征的真实反映。此观点说明了经济信息与经济运动的关系，但欠缺对其本质与规律的分析。总之，经济信息是人类信息的一部分，是在人类社会经济活动中产生并加以客观描述的信息，是信息在经济运动范围内的具体反映。

二、结构特点

经济信息学的研究具有系统性、整体性和连贯性的特点。第一，系统性。经济信息学研究的内容可分为三个分系统：经济信息学理论分系统、经济信息工作分系统、经济信息人员分系统。每个分系统又分若干子系统，每个子系统又分若干子子系统，每个子子系统又分若干概念元素。第二，整体性。经济信息学的体系结构是一个相互联系、相互制约、相互影响的整体。各分系统间、子系统间、子子系统间、元素间是相互关联、紧密结合的整体。经济信息产业、工作与人员是经济信息学理论立论的基础。经济信息学产业是从宏观上论述的，工作是从微观技术上论述的，而其产业与工作连接的关键则是经济信息人才问题。整个体系结构是"学"与"术"的统一，经济信息学理论部分以"学"为主，经济信息产业、工作与人员三部分以"术"为主。就局部而言，经济信息产业部分的经济信息生产与消费、商品化、市场特性和价格理论等以"学"为主，经济信息市场管理、价格计算方法管理、信息系统等以"术"为主。经济信息工作部分主要是从"术"上阐述，经济信息人员则是"学"与"术"并重。第三，连贯性。经济信息学的体系结构以经济信息为主线，包含经济信息学理论、经济信息产业、工作与人员。

第四节　城市空间经济理论

城市经济学是探究经济活动的空间形态与经济发展关系的学科。校友经济学的主要领域与城市经济学有相似之处：

第一，城市人口相对固定，城市区位的长期维持与城市要素的区域性聚集主要取决于需求的动态分布。除企业成本和利润之外，城市人口是新时代校友经济需要重点考量的因素。

第二，一般说来城市结构分为单中心结构和多中心结构，这是由城市蕴含的市场潜力决定的。单中心结构是由距离较近、关系较近、业务上交集比较多的厂商汇集构成的，不符合上述特点的厂商势必会花费更大的时间成本和运输成本来构建这种优势，而这只对少数厂商而言是有利的。大多数厂商会远离城市中心，去城乡接合部或者其他城市投资建厂。多中心结构的城市则是由前述的单中心结构城市发展到一定规模，造成了人口的过量增长，导致单中心结构已不能满足厂商的需求，从而进一步发展出现多个城市中心，多个中心相互联动甚至形成新城市。藤田昌久与克鲁格曼就提出由于人口的不断增长，厂商需求分布的动态演变导致城市布局从单中心变到双城市无中心，再到三城市多中心的观点。

第三，美国的城市发展经验已经证明，城市层次的演化是自发进行的，似乎从来没有一个清晰的规划来对城市层级体系的演化做出安排，美国的许多大城市都是自发地遵循着特定的规律，在较长时间形成相对固化的城市层级和城市格局，这是一种"复杂体系的自我组织"。

上述三大理论都可从城市经济学视角为当代中国校友经济的形成和发展路径提供理论支撑。

从城市体系的空间模型视角来解释校友经济现象具有一定的现实意义。这一理论主要研究为什么城市会合为一体，即要研究到底是什么原因导致了在人口和企业不断流动的背景下，城市的结构始终是稳固的。校友关系是一种在现代城市网络中相对固定的关系，而企业或者个人的其他社会关系可能是一种流动关系。在空间经济学当中，企业选择什么样的城市区位取决于一些很重要的因素，比如成本和位置。在某些城市的区位上，如果成本和位置较为合适，那么即使前一批企业搬走了，马上就会有新的企业加入进来，所以这一区位中企业的相对结构组成在一定时期内是固化的。这一理论可以给校友经济学提供借鉴，即企业选择经营的行业类别、经营渠道类型、经营事务的主要活动区域、经营的便利性、经营的商品种类、经营的范围等除了会受到传统的城市区位决策理论的影响外，还极大可能会受到现代社会关系网的影响，其中很重要的一点即是校友关系。校友关系、运输仓储成本和企业主要的运作地点等都是属于影响企业区位决策的固化因素，且随着时间的推移，这种影响将会更加深入。校友关系是每一个企业都潜在拥有的宝贵社会关系资源，它的潜力还远未开发出来。另外，这里的"区位"不仅指地理上的区位，也可以抽象地理解为综合考虑了地理区位、关系区位、渠道区位、产业区位等在内的"复合型区位"。

第五节 三螺旋理论

一、产生与发展

三螺旋概念于20世纪50年代初最先出现于生物学领域，美国遗传学家理查德·列万廷最先使用三螺旋来模式化基因、组织和环境之间的关系。在《三螺旋：基因、生物体和环境》中，他指出不存在一个既定的"生态空间"等待生物体去适应，环境离开了生物体是不存在的，生物体不仅能适应环境，而且能选择、创造和改变它们的生存环境。理查德·列万廷将这种关系写入了基因。因此，基因、生物体和环境的关系是一种"辩证的关系"，这三者就像三条螺旋缠绕在一起，互为因果。基因和环境都是生物体的因，而生物体又是环境的因，因此基因以生物体为中介，又成了环境的因。90年代中期，纽约州立大学的社会学家亨瑞·埃茨科瓦茨和阿姆斯特丹科技学院的勒特·雷德斯道夫教授在三螺旋概念基础上提出了著名的官、产、学三螺旋理论，用于分析在知识经济时代政府、产业和大学之间的新型互动关系，即政府、企业与大学是知识经济社会内部创新制度环境的三大要素，它们根据市场要求而联结起来，形成了三种力量交叉影响的三螺旋关系。

勒特·雷德斯道夫在1997年还对三螺旋概念进行了拓展，提出该模型的理论系统。三螺旋模型由三个部门组成，分别为大学和其他一些知识生产机构，产业部门（高科技创业公司、大型企业集团和跨国公司）和政府部门（地方性的、区域性的、国家层面的以及跨国层面的政府）。这三个部门除了履行传统的知识创造、财富生产和政策协调职能外，各部门之间的互动还衍生出一系列新的职能，最终孕育了以知识为基础的创新型社会。三螺旋理论认为政府、企业和大学的"交迭"才是创新系统的核心单元，其三方联系是推动知识生产和传播的重要因素。在将知识转化为生产力的过程中，各参与者互相作用来推动创新螺旋上升。

该理论不刻意强调谁是主体，而是强调政府、产业和大学的合作关系，强调这些群体的共同利益是给他们所处其中的社会创造价值，政府、产业和大学三方都可以成为动态体系中的领导者、组织者和参与者，每个机构在运行过程中除保持自身的特有作用外，还可以部分起到其他机构的作用，三者相互作用、互惠互利、彼此重叠。

二、核心观点

三螺旋理论认为,在知识经济背景下,"高校-产业-政府"三方应当相互协调,以推动知识的生产、转化、应用、产业化与升级,促进系统在三者相互作用的动态过程中不断提升。其中关键在于公共与私立、科学与技术、大学与产业之间的边界是流动的。三螺旋理论还认为,在创新系统中,知识流动主要在三大范畴内:第一种是参与者各自的内部交流和变化;第二种是一方对其他某方施加的影响,即两两产生的互动;第三种是三方的功能重叠形成的混合型组织,以满足技术创新和知识传输的要求。

根据埃茨科瓦茨和雷德斯道夫的论述,创新系统的进化以及当前在大学和产业关系方面的选择路径争论反映在"大学-产业-政府"关系的各种制度安排上。世界上各个国家的制度不同,其创新系统也不同,虽然都有"大学-产业-政府"关系,但其内在结构并非一致。因此,三螺旋理论将世界上两种流行的制度模式作为背景,提出三螺旋结构具有三种不同形式:第一类是"国家社会主义模式",即"三螺旋:国家社会主义模式"。在该结构中,国家包括了学术界和产业,并控制两者之间的关系。第二类是"自由放任模式",即"三螺旋:自由放任模式"。它是由分离的制度领域组成的,将国家、产业和学术界划分开,在领域之间有高度确定的边界关系。第三类是三螺旋结构中最发达的模式,为重叠模式,即通常所指的"三螺旋创新模型理论"。其具体结构是政府、大学、产业三个机构在保持各自独立身份的同时,又表现出另外两个机构的部分能力。该理论着重探讨了以大学为代表的学术界、产业部门、政府部门等创新主体是如何借助市场需求这个纽带,围绕知识生产与转化,相互连接在一起,形成三种力量相互影响、抱成一团又螺旋上升的三重螺旋关系。

"大学-产业-政府"三螺旋理论来源于区域创新实践,揭示了以知识为基础的区域持续创新的本质,引发了世界各国对区域增长新模式和新动力机制的探索。从世界范围看,创新研究包括三元理论(萨巴托,1975)、国家创新系统(弗里曼,1987;隆德瓦尔,1992)、区域创新系统(库克,1992)、产业集群战略(波特,1996)及三螺旋理论(埃茨科瓦茨和雷德斯道夫,1995)。三螺旋理论弥补了现有创新理论的不足,试图找出创新主体相互作用的动力和区域持续创新的动力,在美国、日本、荷兰、英国、瑞典、丹麦、德国等发达国家和巴西、匈牙利甚至印尼等发展中国家受到重视。

第六节 动态合作博弈理论

动态合作博弈实质上既包含了零和博弈,也包含了非零和博弈,它是通过两方或者多方的动态决策的策略采用而达到纳什均衡,即系统的动态最优解。动态合作博弈的数学基础是矩阵策略,而矩阵策略的基础是常见的最大最小策略(MAX MIN statistics)和最小最大策略(MIN MAX statistics)。如果两个局中人在博弈过程之中面临规范性的零和对策:$\Gamma = (X, Y, K)$,其中 K 表示实数集函数,而 X 和 Y 分别表示非空集合，则最大最小策略和最小最大策略可以完全等价于均衡原则。这里的均衡原则含义为，如果博弈的双方都找不到比这更好的策略组合状态，那么该状态则为一个经济学意义上的稳定状态。

动态合作博弈研究的问题包含了非零和对策、多阶段对策、多阶段合作对策、追逃微分对策和合作微分对策等。尽管非零和博弈的结果往往是各方的帕累托状态都得到一定的改进，但是也存在合作与非合作两大类情形。动态合作博弈理论是一个对复杂网络节点之间的互动有效性、网络节点参与性和参与度的效能进行评估的科学工具。本书第五章将会采用动态合作博弈的基本研究范式，在社会关系网络中引入校友节点，对网络的整体效率和相关机构服务意愿进行数理分析，此处不再赘述。

第七节 新制度经济学理论

新制度经济学这一概念最早由威廉姆森提出，强调交易费用和制度的重要性。新制度经济学以制度安排为主要研究对象，研究了制度安排的内涵、构成、功能和起源，说明了制度安排对人类经济活动的重大作用，其核心思想是产权结构和交易费用会影响经济行为，以产权为基础的制度安排对于人的行为、资源配置以及经济增长具有较大的影响。新制度经济学讨论的问题包括制度为什么很重要，制度是如何产生又是如何演变的，各种制度安排尤其是经济组织的逻辑是什么等。这种思潮既不同于以凡勃伦、康芒斯等为代表的旧制度学派，也不同于当代主流的新古典经济学，而是继承了制度学派重视制度的观点，用交易费用和产权的思想修正和补充了新古典经济学，故称为新制度经济学。新制度经济学的主要代表人物有1991年诺贝尔经济学奖获得者科斯、1993年诺贝尔经济学奖获得者诺斯、阿尔钦、德姆塞茨、张五常、巴泽尔、威廉姆森、波斯纳等，其中科斯被公认为是该学派的领袖人物。科斯在1937年发表的《企业的性质》一文中首次提出了"交易费用"概念，并用交易费用的思想解释了企业的存在、企业的本质、企业的规模和企业的边界，建立了现代企业理论。1960年，他发表了《社会成本问题》一文，用交易费用和产权解释了外部性问题，得出了现在广为流传的"科斯定理"。这两篇文章奠定了他的经济学大师地位，也开创了当代的新制度经济学。

当代产权经济学的主要代表人物阿尔钦另辟蹊径得出了与科斯定理相同的结论：在产权界定不清时，租值将会出现消散。他先后发表了《不确定性、生物进化和经济理论》《生产、信息成本和经济组织》《产权的一些经济原理》等一系列文章，提出了当代产权经济学的主要思想和产权经济学的理论体系。沿着科斯和阿尔钦的思路，经济学家张五常先后发表了《佃农理论》《合约的结构与非专有资源理论》《企业的合约本质》等文章，进一步阐述了交易费用和产权理论，奠定了当代合约经济学的理论基础。诺斯同样沿着科斯的交易费用思想，发表了《1600—1850年海洋运输生产率变化的原因》《西方世界的兴起》《经济史中的结构与变迁》《制度变迁与美国的经济增长》《制度、制度变迁与经济绩效》等一系列论著，用新制度经济学的观点重新解读了历史，形成了制度变迁理论。沿着科斯的企业理论，威廉姆森等人立足于资产专用性概念，进一步揭示了从市场到企业的演变逻辑，对企业的内部组织、交易费用的具体内容作了拓展性研究，建立了"科层"组织理论，将企业理论推向纵深。威廉姆森被誉为重新发现"科斯定理"的人，进行了组织理论、法学、经济学在内的大量学科交叉研究和学术创新。威廉姆森的主要论著有《市场与科层制度：分析与反托拉斯含义》《交易费用经济学：合约关系的治理》《资本主义经济制度》等。

新制度经济学的研究对象是制度，制度是指有约束力的规则体系。这些规则可以是正式的法律法规，也可以是非正式的风俗习惯与道德伦理。在新制度经济学看来，市场、货币、企业、国家等现实经济现象都是不同的制度安排。科斯认为，当代制度经济学应该从人的实际出发，实际的人在由现实制度所赋予的制约条件中活动。与此类似，诺斯也认为制度经济学的目标是研究制度演进背景下人们如何在现实世界中做出决定和这些决定又如何改变世界的。两者都强调了经济学应该研究现实制度与经济活动，以及它们之间的相互关系。这种观点已经被大部分新制度经济学家接受，他们大多运用新古典理论的方法研究不同制度结构对现实经济活动的激励和约束作用，并以此来确定最有效率的制度"解"。

凡勃伦是公认的制度学派的创始人，其代表作是1899年的《有闲阶级论》。康芒斯是早期制度学派的又一位重要的代表人物，他的代表作《制度经济学》是第一部系统性的制度经济学著作。康芒斯强调集体行动在控制个体行动方面的作用，关注法律、产权和组织以及它们的演变和影响，其研究与科斯等人的新制度经济学类似。制度的构成和分类也是制度概念的重要组成部分，学者们往往在给出制度概念的同时对制度进行相应的分类。这里只介绍应用较广的诺斯对制度构成所做的分类。在诺斯看来，制度可以分为正式规则、非正式规则及两者的实施特征。正式规则即约束人们行为关系的有意识的契约安排，包括政治规则、经济规则和一般性契约，也就是包括宪法、成文法和不成文法、特殊细则以及个别契约等行为规则（宪法、法令和契约）。非正式约束主要包括价值信念、道德观念、风俗习性、意识形态等，在正式规则没有被"定义"的地方起着约束人们行为关系的作用。在非正式约束中，意识形态居于重要地位。一般来说，正式约束可以在一夜之间发生变化，非正式约束的改变却是长期的过程；正式约束一般是可移植的，而非正式约束则是不可移植的。正式约束只有在与非正式约束相容的情况下才能发挥作用，否则就会出现"紧张"，其"紧张"程度取决于正式规则与非正式约束的偏离程度。

除此以外，制度的作用是指制度在现实经济活动中所发挥的激励和约束作用，从静态上体现为维系复杂的经济系统运转的作用，从动态上则体现为推动经济增长与加快经济发展的作用。在新制度经济学看来，制度的作用是在信息不完全的条件下，通过限制有限理性和机会主义行为，保证现实经济活动能够有效率地运行。总体来说，制度的作用表现为通过市场、企业、货币、法律等制度安排，为现实的复杂的经济系统提供正式与非正式的规则约束，保证经济主体之间的分工协作与正当竞争，激发各经济主体的积极性，减少经济运行中的摩擦。

与威廉姆森一起获得诺贝尔经济学奖的奥斯特罗姆，针对哈丁的"公地悲剧"及阿尔钦的"租值消散"理论，试图在公共事务的治理中寻找自由、财产和效率之间的稳态均衡。她考察了 20 世纪 90 年代之前约一个世纪的全球森林、渔场和牧地的治理案例，发现人类历史上存在许多小型公共资源治理的成功案例，提出了一个分析和解释小规模群体中公共资源供给与管理的框架。这一框架的核心要素是制度供给、可信承诺和有效监督。她认为对环境的细致刻画，描述社区中参与人的利益差异，制定有效的资源使用规则，允许内外部监督力量参与，实行分级制裁规则，让组织权威得到尊重，可以使公共资源得到有效利用。波斯纳等还对法律制度进行经济分析，说明法律制度和法庭判决对经济效率的影响，形成了法律经济学或法经济学。波斯纳的主要著作是 1972 年出版的《法律的经济分析》。

交易费用理论是新制度经济学的基石和理论生长点，其他理论都可以看成这一理论的拓展或自然延伸。具体来说，其逻辑关系为：由于存在交易费用，为了降低交易费用，产权的界定、执行和保护就变得非常重要，产权经济学也就由此而生；在所有权存在之后，产权的所有者使用和转让产权就会形成各种各样的合约，而合约形式的选择对于降低交易费用和提高资源配置效率极其关键，由此产生的合约经济学也就进入研究视野。由于不同的合约选择实际上导致了不同的经济组织形成，其中国家、企业和市场是三种具有代表性的组织，它们都是解决经济问题的方式，在不同的约束条件下，选择不同的组织具有最小化交易费用的作用。法律规定和法庭判决也只有在交易费用大于零的情况下才起作用，并且本身也具有降低交易费用的效果。因此，围绕交易费用，新制度经济学可以成为一个逻辑严谨、体系完善的经济学分支。

新制度经济学研究所采用的方法包含演化博弈论、历史经济学、新凯恩斯主义、新剑桥学派、理性预期学派等的方法。本书也将从制度视角去分析校友经济学的理论基础，包括交易费用论、契约论、产权论、企业论、集体行动论、制度变迁论和法律经济学论等。

一、契约理论

契约理论是古典经济学的重点研究对象，制度经济学的发展历程强化了契约在经济学中的地位，其代表人物布坎南和沃因分别强调过当代经济学的本质属性里一定不能缺少对契约（或者称之为合同）的研究，强调合同的研究地位，并在实证层面进行大量经济学案例研究，为法律经济学的进一步充实提供了丰富的理论支撑。从法理角度来看，契约本身有硬性契约和软性契约的区分。硬性契约更多地突出法制、行政命令、社会规则以及行为准则等的作用，而软性契约的范围非常广泛，除了上述硬性契约所涵盖的对象而外，一切社会规制和社会软约束都可以归结在内，诸如社会基本道德、社会基本伦理、职业操守、行业规范、行业潜规则、相对固化的人际关系、传统文化中被大多数人认可的具体事物等都属于此类。硬性契约和软性契约本质上都属于现当代社会契约的一部分，其分析方法都可以采用新制度经济学中的契约分析方法。作为典型企业来说，尤其是中小企业，社会契约（无论硬性契约还是软性契约）的建立非常重要。在当代社会特点和条件下，建立软性契约显得更为关键，很大程度上能够决定企业未来处于何种经营方式和经营状态。如果契约构建不合理或者不科学，那么企业承受的损失通常是不确定的，包含在企业难以衡量的成本当中。总之，社会契约对于转变企业的运作模式有着越来越明显的作用。

古典契约经济理论是在亚当·斯密的《国富论》中正式提出的。19世纪70年代的"边际革命"中，古典契约经济学也得到了发展。古典契约经济模型的研究主要涉及四大问题：第一，契约的完全自由选择性，即契约的当事人具有自由订立双方或者多方契约和具有各方共同协商确定契约相关条款的自由，这种自由不受其他方干涉，尤其是不受政府的干涉。第二，契约具有个别性或独特性。这意味着契约都需要分清条款，特别是分清楚事前和事后条款，并且要分清楚哪些是具有实际意义的条款。在古典经济学时代，通常认为只有涉及物物交换的契约条款才是有价值的，其余的契约条款都是无实际意义的。另外，契约的独立性还表示契约的履行仅与现在的时间相关，而跟当事各方的过去和将来的交易以及承诺义务等都没有关系。第三，契约具有时效性，这意味着契约上的条款对应的都是需要立即去执行的责任和义务，当然也明确了在执行的过程中当事人之间的关系；另外时效性还意味着每个契约都有它的生效期、自然终止期以及满足一定条件的失效期等。第四，契约必须合法。古典契约经济学理论与生俱来的局限性与古典契约的特点有着较大的关联。首先，在古典契约经济学的年代，当事人之间由于物物交换所订立的合同会产生一定的经济外部性，但是这一点在古典契约经济学中被忽视了，直到科斯定理的出现才使得契约的经济外部性被理论界广泛接受。其次，古典契约经济学是在自由资本主义占绝对主导地位时期产生的，分析问题的出发点是经济中的企业均为完全竞争的，不考虑政府、工会或者行业协会等协调机构的作用，导致只能研究跟契约有关的微观现象，不能研究跟改进与契约质量有关的制度变迁和制度优化等宏观问题。按照新古典契约经济学的说法，制度变迁主要体现在社会规则、政府规制和法律等变化上，但是这些在古典契约理论中都没有较多体现。马歇尔（1990）在著名的《经济学原理》中提到了一些关于制度变迁的问题，也提及了垄断竞争等非完全竞争条件下的长期或中期契约关系理论的嬗变。

新古典契约理论是新古典经济理论的重要部分，遵循新古典经济学的最优化分析范式。跟新古典经济学一样，历史上新古典契约理论也是从局部均衡分析向一般均衡分析逐渐过渡。在这一过程当中具有代表意义的三大理论模型分别为瓦尔拉斯的一般均衡理论模型、埃奇沃思的一般均衡理论模型和阿罗－德布鲁的一般均衡理论模型。鉴于新古典契约理论是理解新制度经济学的重要环节，下面对上述代表性理论研究范式进行具体描述。

（一）瓦尔拉斯的一般均衡理论模型

在市场是完全竞争的条件下，由卖方喊价，所有的个人、机构和企业都是价格的接受者，他们没有任何权限来制定价格。卖方作为商品的拍卖者，首先给出一个价格，看是否有人愿意接受，这取决于买方的数量、买方的经济实力和买方的意愿等多项指标。如果在第一轮拍卖环节就已经有买方接受价格且付诸了实际的行动，那么喊价过程结束，作为卖方将在呈现的价格中选择一个最高价予以接受。如果第一轮没有人接受，那么卖方可以选择放弃成交或者在第二轮当中降低价格。瓦尔拉斯的一般均衡理论模型的目的是要在现行的卖方市场优势条件下尽量达成交易均衡，达成买卖双方协议。理想状态下，这一均衡价格一定没有帕累托改进的空间。

（二）埃奇沃思的一般均衡理论模型

消费者的无差异曲线的理论基础是埃奇沃思盒状图原理。埃奇沃思的一般均衡理论模型的基本假设跟瓦尔拉斯最大的不同点在于支持更换契约，如果旧有的契约已经不再适用契约订立者（消费者或买家）的最新需求，那么他可以单方面要求废止现有的契约，而订立新的契约。但是在瓦尔拉斯的一般均衡理论模型当中，只要喊价过程没有以订立契约的方式结束，那么现有的契约就必须被执行到底。因此埃奇沃思的契约理论也称为重复订立契约论或重新订立契约论。埃奇沃思和瓦尔拉斯都认为订立契约的目的是提高买卖双方的共同效用，很显然，后出现的埃奇沃思的一般均衡理论更加符合实际要求。需要指出的是，第三种典型的新古典契约理论——阿罗－德布鲁契约的一般均衡理论也是以埃奇沃思的理论为基础的。埃奇沃思还创立了消费者效用曲线，也就是无差异曲线。

（三）阿罗－德布鲁的一般均衡理论模型

阿罗－德布鲁所创立的一般均衡理论模型是目前新古典契约经济学中最具代表性的，其理论先导是由萨缪尔森和希克斯提出的一般均衡理论。阿罗－德布鲁的一般均衡理论模型也强调在信息不对称和信息不完全的前提下，理性者追求效用最大化的过程。阿罗－德布鲁的模型提出了"或有商品"的概念。"或有商品"是指某种商品对于消费者的实际效用来说会因为环境的改变而出现不同的价值，而消费者在选择商品时会按照商品在特定的环境中的综合价值来进行商品喜好的排序，当然理论中要求所有消费者做出的每一个决策都是绝对理性的。比如一件雨衣在平时不会给普通的家庭带来任何效用，只有在下雨时它的实际效用才会充分地体现出来。阿罗－德布鲁模型的"或有商品"便是此类，只有在特定的环境下才能体现出价值。而关键的问题在于环境是具有不确定性的，有些环境的不确定性较大，有些环境的不确定性较小。我们可以根据下面的非完美信息博弈所面临的二维矩阵简图来划分环境的不确定性（见图2-3）。

	外部完全信息	外部非完全信息
内部完全信息	不确定性A	不确定性B
内部非完全信息	不确定性C	不确定性D

图2-3　局中人参与博弈环境的不确定性分类

从图2-3中可见，不确定性有四种情形，分别对应着内部完全信息-外部完全信息（A）、内部完全信息-外部非完全信息（B）、内部非完全信息-外部完全信息（C）、内部非完全信息-外部非完全信息（D）。这四种情形分别对应着四种环境。所谓的内部不确定性包含了局中人的决策模式，是在博弈中局中人常遇到的不确定性，是由对对手掌握信息的了解不够全面或者不够周到、不够深刻导致的，内部不确定性大多属于非系统性风险。外部不确定性包含了外部环境的不确定性，比如天气、地理、不可抗力、偏好的剧烈改变和政治经济风险等，外部不确定性大多属于系统性风险。上述的内部风险和外部风险的交互作用在现实当中更为常见。为了减少这种不确定性给决策者带来的损失，就需要去搜集有价值的信息。因此，获取有效信息是降低博弈成本的主要方式。

二、企业理论

新制度经济学中的企业理论对于本书有重要的指导意义。企业理论主要包含对企业的边界和本质的理解、企业的产权经济学理论、公司治理理论等。中国各大城市校友经济的推动主体往往是各类型的企业，企业借助校友这一潜在的重要资源来推动自身盈利和创新的现象越来越常见。企业之所以能借助校友资源来发展是基于其自身相对于市场的诸多优越性，而单靠市场无法实现这一点。下面我们对涉及上述问题的相关企业理论加以介绍。

（一）企业的边界和本质的理论

企业的边界和本质理论的系统性思考起源于科斯的《企业的本质》一书。科斯自1931年开始观察美国福特公司，其写作的初衷在于探寻企业的作用是什么。该著作所采用的方法依然是边际替代分析方法。经过观察和思考，科斯认为企业的存在可以弥补市场在价格发现方面存在的不足，从而改变价格被扭曲的事实，促进要素的最优配置。尽管我们知道企业的角色远不止于此，但在当时科斯的发现却打开了一扇全新的大门。除此以外，节约"交易成本"也是企业的重要职能之一，即企业存在的意义就是为了更好地节约市场上的交易成本。交易成本也称为交易费用，是新制度经济学的核心研究领域。在科斯看来，旧古典经济学的一个重要假设就是信息对称，但真实情况却是信息在市场之间是不对称的，不完全的信息或者不完美的信息市场会为一部分人创造更多的价值。旧古典经济学的另一个重要假设是信息在企业之中是对称的。但科斯认为即使是在规模非常小、层级结构相当扁平的企业当中，信息也不一定完全对称，因此信息的交换或多或少存在一定的成本，这些都属于交易成本。在科斯看来，交易成本只会因企业的性质和分类不同而有大有小，绝对不会完全消失。

交易成本具体包括五个内容：第一是搜寻成本，即上面所说的跟生产有关的关键信息搜集所耗费的成本；第二是信息成本，即跟交易对象进行信息交换所耗费的成本；第三是议价成本，即讨价还价所耗费的成本，这笔费用对于不同的参与方来说都是存在时间成本和让价成本的，议价过程当中的环节包括契约的讨价还价、价格的讨价还价、产品品质的讨价还价；第四是决策成本，即对于每项决策的商议过程当中所耗费的必要成本；第五是监督成本，即交易过程的监督行为所产生的成本，监督者可能来自企业内部、政府和市场中的第三方角色。在传统意义上，可以通过制度的设计降低监督成本。随着科技的发展，通过计算机和自动化的手段也可对企业的行为实行监督。

对于交易成本的研究则引出了"科斯定理"。科斯定理的核心思想在于通过对市场的干预可以克服负外部性的市场失灵，实现帕累托改进。科斯定理起初应用于企业间的谈判中，认为企业间谈判和协调可以减小市场失灵所导致的交易成本。随后该定理逐渐被应用到了公共经济学领域，科斯定理认为通过政府和公共力量的介入，可以为企业减少负外部性所带来的影响。因此，科斯定理在微观和宏观经济学中都得到了广泛的应用。可以看出，科斯定理和交易成本经济学也是密切相关的，科斯定理从另一角度阐述了如何通过市场和其他非市场的共同力量来减少交易成本。市场失灵即较大的负外部性表现出来的现象常常是交易成本过大。

科斯的另一贡献是在上述企业本质的基础上，对企业的边界进行了重新解释。科斯认为企业存在的主要意义是降低交易成本和发现价格，但是现实当中企业对于市场而言是不可替代的，市场的作用也不容忽视。科斯理想中的设定是既然企业的存在是为了节约交易成本，那么随着企业生产的进行和社会的进步，应该会有越来越多的生产转移到企业内部，从而在社会当中就形成了一个超大型的企业，能够将所有的生产活动都放进来。但现实当中不得不面对这样的问题，即企业扩张的边界在哪里？企业和市场之间在什么情况下必然是相互替代的？经过长时间的研究，企业边界逐渐形成了较具代表性的四大观点，分别是科斯的观点、威廉姆斯的观点、产权经济视角的观点和团队生产的观点：

第一，科斯的观点。科斯认为资源是否是最优配置的，取决于企业和市场边际成本的比较。如果企业主认为企业自身存在可以持续地减少生产的边际成本，那么企业的规模就会不断地扩大，反之就会不断地减小。究竟是哪些因素导致了企业的边际成本上升呢？科斯归纳得出以下结论：首先是中小型企业在扩张企业规模时，会出现边际收益递减趋势，但又未形成规模成本递减的趋势，此时易导致企业不得不在企业是否扩张的问题上进行思考；其次，企业的规模变大时，随着部门的数量增多，意味着在交易过程之中产生交易成本（交易费用）的部门与环节数量也急剧增多，而在短期内管理这些交易成本的规则、办法并不能很快统一，致使企业不敢盲目扩大生产规模；再次，在中小企业中常见由于规模扩张导致大企业部门的市场利益被剥夺所要缴纳的隐形"弥补税"，表现在现实中为从大企业采购生产要素和原料必须接受比以前更高的价格。需要注意的是关于如何从科斯的理论中确立企业扩张与保守的边界是新制度经济学一个较大的理论问题。

第二，威廉姆斯的观点。威廉姆斯认为资产专用型、机会主义和有限理性假设所导致的交易成本大小是企业考虑边界问题的核心。首先是资产的专用性，威廉姆斯按照资产是否专用的程度将资产分为三个类型，分别为专用型资产、混合型资产和非专用型资产。威廉姆斯从契约经济学的视角认为，专用型资产和混合型资产的分析适合新古典契约模型，而非专用型资产的分析适合古典契约模型。古典契约模型的一个主要特征就是交易程序与交易规则的相对简化，一般的物物交易都可以在双方基本自愿的前提下完成，可能会产生交易纠纷的个别案例递交司法机构第三方，亦可得到完满的解决。混合型资产和专用型资产的交易问题则需要在新古典契约理论框架下去解决。混合型资产和专用型资产相对于非专用型资产的特点是治理形式的不同，前两者需要专业化的治理机构，而后者不需要专业化的治理机构。一般来说，非专业化的治理机构只需要市场就足够了，而混合型的资产和专业型资产必须要依靠企业和非营利性组织等专业性机构来进行管理，由此产生了专业化的治理机构。根据威廉姆森的说法，尽管企业等机构存在的目的是解决混合型和专用型资产的契约问题，但也会产生专业型机构的治理问题。威廉姆斯认为公司治理相对于市场治理来说，更有利于处理专用型资产契约问题。首先，威廉姆森认为公司更容易形成激励，公司的激励相对于市场上双方讨价还价的过程之中常常存在的机会主义是一种改进，更有助于各方履行契约的职责；其次，威廉姆斯认为公司相对于市场来说更有权威性，必要时可以采取自上而下的方式来进行契约的履行，这种履行带有强制性，而市场是无法做到的。市场是完全扁平化的组织，因此某些契约条款纠纷不能在市场范围内解决时，就必须成立公司。这也反映出一家企业如果不能很好地发挥公司本身的优势，自上而下解决契约纠纷问题，说明公司治理能力和机制还需要进一步地提升；最后，威廉姆森特别指出一般性的企业具有先天的"结构性优势"，即威廉姆森认为企业内部存在相对于市场的信息经济，有助于实现信息的通畅，实现信息阻塞缓解、观察经济和期望集中这三大效应。总之，借助新古典主义的方法，企业可以使用信息渠道和信息分析优势来实现企业在契约处理上的高效率。

威廉姆森的理论体系以"启发式模型"作为企业边界决定的主要理论模型，威廉姆森希望企业决策者能够将此模型作为企业规模扩张时的理论参照。根据威廉姆森的测算，企业是否扩张要考虑交易成本，但是交易成本的产生需要考虑企业自身的机构组织效率、资产专用性等问题。这在科斯的交易成本决定企业边界的理论基础上前进了一步。

威廉姆森没有解释为什么有些企业的资产专用性很强，却没有出现较大的规模扩张的情况。对这些问题进行更加深入分析的是产权经济学视角的企业理论，在 1990 年其也被归为了新制度经济学的理论范畴。

第三，产权经济学。这是由格罗斯曼（1986）、哈特（1995）等人创立的，产权经济学假设人们履行契约存在非完全性，需要借用一定的企业内部的充满艺术性的管理职能，将契约的贯彻过程加以强化。在格罗斯曼、哈特等人看来，企业出现的最大意义就是有助于建立一套对抗契约不能完全有效履行的组织架构，因此企业运行的绩效也可以用是否能够以及在多大程度上能够克服契约的不完全性作为判断标准。更具体来说，企业要想获得更高的运行绩效需要运用好"剩余控制权"。"剩余控制权"指的是企业的决策者们在企业的人事制度和企业的剩余财产处理上具有绝对的权威。这里的决策者通常是由股东大会选取的董事会。企业利用剩余控制权可以科学地调配企业内部的资源，以达到最优配置，即具有在适当的时间招聘业务能力超群的人员和解雇不适当的人员的权限，也具有利用公司的剩余财产来抵御系统性风险的权限。通过这些强制性的措施，企业内部的契约可以完全得到落实。与此相对应，通过科学地使用剩余控制权帮助企业的效率得到提升的管理者，也会收到一笔剩余索取权。而剩余控制权和剩余索取权在市场中是没有的，因此这是企业和市场的本质区别。剩余控制权和剩余索取权后来演变成为产权经济学的主要研究对象，同时也成了另外一些经济学分支学科的研究对象之一，比如国际贸易学和国际投资学。在讨论不同的国家之间是否建立关于某个产业的纵向一体化问题上，需要参照剩余控制权理论。产业的纵向一体化有可能引起投资的扭曲，而剩余控制权的灵活使用可以有效控制这种投资扭曲的程度。比如经过合并或者纵向一体化以后，双方的资产投资战略有着很强的互补性，那么这种纵向一体化就是有效的。如果双方的资产投资战略没有较强的互补性，那么这种纵向一体化就是投资扭曲且无效的。而判断是否具有互补性的理论依据就是格罗斯曼和哈特的产权经济学。

第四，团队生产观点。团队生产观点是由阿尔钦与德姆塞茨（1972）在对科斯的企业边界理论进行修正时提出的。和威廉姆斯不同，阿尔钦与德姆塞茨等人认为现实中基本不存在市场和企业之间的权威大小问题，即基本上否定了威廉姆斯关于契约交易进入企业内部是因为企业具有对契约执行的强制力的观点。阿尔钦与德姆塞茨的观点认为企业没有以发号施令为特征的权威，但是现实中的契约执行的确放到了企业内部，这主要是由于企业可以最大限度地调动不同的生产要素，同时企业最重要的职能应该是监督偷懒行为。在市场组织范围内，仍然缺乏这样的一种机制，即对团队成员的偷懒行为进行监督并处罚。而企业内部可以通过制度对这种行为进行有效的监督和管辖，并且可以更加精确地依照每个团队成员的边际产出进行绩效奖励。

（二）企业产权理论

新制度经济学的另一个企业理论是关于企业产权问题的讨论，这一问题涉及企业产权归属、企业产权配置和企业制度三个小问题。企业产权归属即讨论企业产权控制者所具有的排他性、独占性以及任意处置权。如前所述，格罗斯曼和哈特等新制度经济学家们将这些权限统归于剩余控制权。换言之，只有企业中产生了剩余的混合型资产或者专用型资产，而仅有产权归属者拥有对上述资产的剩余控制权并由此产生相应的剩余索取权，这些权限才能发挥作用。格罗斯曼和哈特（1986）认为剩余控制权和剩余索取权概念的提出都是为了完善企业产权原理。事实上，格罗斯曼和哈特（1986）、阿尔钦和德姆塞茨（1972）、米尔格罗姆和罗伯茨（1992）等人分别对企业产权问题做了很多互补的研究。格罗斯曼与哈特提出了剩余索取权的概念，认为剩余索取权跟阿尔钦与德姆塞茨等经济学家所提出的剩余控制权等权限在企业内部构成互补关联，否则会致使企业的董事会难以高效地完成企业经营过程，最终造成企业资产总额缩水。根据上述几个代表性经济学家的观点，企业内部一旦产生了对于混合型资产或者专用型资产的剩余控制权，就相应地有了对这些资产在不违反契约基本精神的前提下，进行其他类型处置的权限，比如在契约的存续期到期之前对资产进行抵押申请贷款的权限、对资产进行租赁以便收取额外的租赁费用的权限、对资产进行暂时性的转让并在契约的存续期末到来之前进行回购操作等的权限。上述权限因资产的形式包括固定资产和流动资产，其处置方式也千差万别，如果资产的流动性非常强，比如商业票据等资产，其处置方式就有很多种，包括证券化等金融创新的处理方法等。根据上述理论，契约所规定资产的剩余控制权和剩余索取权通常是对等的，而企业对于这种对等是否给予了最大程度的保障条件，是检验一个企业内部制度是否完善的关键标准之一，这就在一定程度上避免了激励扭曲的问题。当然，传统意义上的市场很难有效地做到这一点。

企业产权配置理论实质上是一个政治经济学范畴内的问题。产权的配置或产权结构在一个企业内部是资方占主导地位还是劳方占主导地位呢？产权配置等问题的处理是彰显企业在组织社会资源方面是否有效以及企业是否能持续盈利的关键判别因素。如果一个企业内部无法有效地配置产权这种重要资源，那么它将无法有效地支配校友资源这种企业之外的社会资源，也就是即使当前企业决策层拥有非常丰富、优质且多元的校友资源，由于其内部的产权配置混乱，也会造成资源应用效率低，最终使得校友资源在其手上不能发挥出应有的经济和社会效益。目前来说，在新制度经济学研究领域，围绕企业的产权配置问题主要有三派主要观点，简单来说可归结为"资方来主导劳方""劳方来主导资方"和"股份制下的利益相关方共同的、相互的主导"。新制度经济学中的企业产权配置理论是目前分歧最大的理论课题之一。严格来讲，世界范围内"资方来主导劳方"的观点目前看来有被广为接受的趋势，但同时"股份制下的利益相关方共同的、相互的主导"的代表性观点也在逐渐被接受，但因为上述观点属于一个比较新的研究领域，在20世纪90年代才被广泛重视。"劳方来主导资方"的代表性观点被接受范围相对来说最小，但是20世纪著名的经济学家汉斯曼从交易费用经济学的角度对这一观点进行了深入的研究，是目前对这一观点支撑力度最大的理论代表。

（三）公司治理理论

公司治理是新制度经济学当中较新的研究领域，这一理论由于与金融工程、财务管理等学科结合得较为紧密，涉及大量的数理分析，具有较大的创新空间，是当前较多经济学者研究的目标学科。本书认为，现代企业灵活而科学地运用好校友经济这一工具，在很大程度上是公司治理能力提升的象征性体现，因而研究公司治理理论可进一步拓展校友经济学理论与实践的分析深度。

公司治理理论的核心是委托-代理理论，而理解委托-代理理论的要点是理解现代公司日益精细化的"激励机制"。在传统的西方制度经济学理论文献当中，之所以有"委托-代理"这个关系存在，其根本原因为信息不对称的普遍存在，委托人是信息不对称环境中的弱方，而代理人是信息不对称环境中的强方。委托人会在衡量由于信息不对称而委托于代理人的成本和未来收益之后，决定是否跟代理人订立正式契约。

首先假设产出结果是可以预测的，在这种前提下，假设委托人支付给代理人的工资为 w，则代理人获得工资之后的效用为：

$$U = w - \frac{1}{2}ke^2 \tag{2.1}$$

其中，U 为效用，w 为假设的委托人支付给代理人的工资，k 为每个代理人的边际努力成本，e 为利润，ke^2 为代理人成本。

假设委托人给代理人的分成比例为 α，用 r 来表示利息，则代理人的决策最大化问题如下：

$$\text{MAX}(U) = r + \alpha Q - \frac{1}{2}ke^2 \tag{2.2}$$

对（2.2）式求一阶条件，可以得到代理人对于委托人给他提供的激励弹性为 a/k。Q 为总利润，$\hat{U}$ 为代理人的心理保底的效用，则可得：

$$r + aQ - \frac{1}{2}ke^2 \geqslant \hat{U} \tag{2.3}$$

从而求得代理人的决策最大化问题为：

$$(1-\alpha)e - r \tag{2.4}$$

对（2.4）式用拉格朗日函数来求解，则可得到全社会的委托人和代理人都是风险中立者的条件下，只有当代理人分到的收益比例为100%时，才能促进公司收益最大化的结论。这个结果在产出结果可预测的前提下才会出现。

委托-代理理论中还包括逆向选择模型和道德风险模型，其中逆向选择模型强调事前风险，道德风险模型则强调事后违约风险。对于前者来说，由于要避免因为信息不对称所带来的企业可能的损失，那么寻找校友关系则可成为企业的不错选择。校友关系一旦被挖掘出来之后，借助校友圈的力量，也可以减少事后违约的风险，即减少道德风险，这主要是借助了校友圈的互相信任关系。这里分别对逆向选择模型和道德风险模型加以介绍。

逆向选择（Adverse selection）所研究的问题主要是委托人在委托-代理活动发生之前所获知的信息少于代理人所获知的信息，代理人 i 所面临的成本 C 为：

$$C = c_i(e_i) \tag{2.5}$$

其中，c_i 为第 i 个代理人所面临的成本，e 表示代理人，$i=1, 2, \cdots, n$。

一个委托人可以委托多个代理人，这里假设为 n 个，代理人只要经过努力就可以获得相应的工资激励，设置所有代理人的总利润函数 Q 为：

$$Q = \sum_{i=1}^{n} e_i \tag{2.6}$$

代理人所获得的工资为：

$$w_i = w_i(e_i) \tag{2.7}$$

将代理人的成本函数进一步展开，可得：

$$c_i = \frac{1}{2}k_i e_i^2 \tag{2.8}$$

首先假设委托人和代理人之间的信息是对称的，那么代理人会追求其自身的效用最大化。当利润 e 大于 w，表明委托人的总利润水平是大于零的，且此时委托人的利润也会达到最大化，委托人的利润水平为：

$$\begin{aligned} Q^{n*} &= (e_1 + e_2 + \cdots + e_n - w_1 - w_2 - \cdots - w_n) \\ &= \frac{1}{k_1} + \frac{1}{k_2} + \cdots + \frac{1}{k_n} - \frac{1}{2k_1} - \frac{1}{2k_2} - \cdots - \frac{1}{2k_n} \\ &= \frac{1}{2k_1} + \frac{1}{2k_2} + \cdots + \frac{1}{2k_n} \end{aligned} \tag{2.9}$$

其中等式左边为代理人的利润。式（2.9）表现出代理人的努力程度越高，那么委托人就能够给他更满意的工资激励水平，工资激励水平跟其努力程度明显是成正比的。而如果代理人的努力程度越低，那么他的工资水平就越低。在校友经济中，一个典型的委托-代理的激励机制也可以按照式（2.9）来安排，将不同地位的校友关系纳入企业模型中，并对新企业明显有利的校友活动的主要成员进行激励，能够更好地发挥校友经济的效益。

三、集体行动理论

集体行动理论也是新制度经济学的重要理论之一。事实上，集体行动的理论在康芒斯、凡勃仑时期就已经提出。康芒斯在著作《制度经济学》中，很直接地将经济学中的社会制度称为集体主义。而另一位制度经济学的代表性人物门格尔则将社会制度称为有机主义理论，意为一个社会组织相对于个人来说就是有机的系统。第二次世界大战结束之后的一段时间内开始流行新古典主义学派，包括新古典综合派、新古典经济增长学派、新自由主义经济学派等，在很大程度上都遵循旧的古典主义所奉行的个体微观经济研究。而同时期的制度经济学派的声音则显得尤其微弱，关于集体主义的微观经济学因此也不再受到重视。战后很多年人们在科斯、诺思、加尔布雷斯的著作基础上创立了新制度经济学，新制度经济学的发展使得康芒斯、凡勃仑、门格尔的理论开始重新受到关注。到了21世纪的今天，以研究集体行动问题见长的新制度经济学派已经逐渐成为西方经济学主流。

如上所述，康芒斯是首个研究集体行动问题的经济学家，他认为集体行动不同于集体主义，集体行动并不排斥个人追求自身私利，因此与斯密的理论也不冲突。康芒斯认为，所谓集体行动正是在充分顾及了组成集体中各方的私人利益最大化的前提下形成的。因此，集体行动的要义就是在充分尊重每个人的个人意愿基础上，不依靠行政命令而依靠内部的复杂博弈来达到每个人帕累托最优的方式，但前提条件是需要满足制度的要求。这就是为什么研究集体行动从表面上来看是基于博弈论，实际上首先是基于新制度经济学的原理。

在博弈论视角看来，集体行动博弈还不是同时行动博弈，但跟同时行动博弈有一定关联性。集体行动还跟序贯行动博弈具有很强的关联性。因此这里首先介绍关于同时行动理论和序贯行动理论。

按照阿维纳什·迪克西特的分类，同时行动的博弈可分为纯策略和混合策略两大类。同时行动博弈分为两个小的情形，分别是离散型和连续型的纯策略"同时行动"博弈。

离散型的纯策略同时行动博弈是最为简单的，博弈论中的囚徒困境就是其中一例。在这个典型的案例中，两个分属于不同监狱且彼此间毫无交流的囚徒的各自行动就属于同时行动，他们在做出决定继而付诸行动的时候，并不知道对方的行动策略和策略集，因此一切只能靠猜测。为了避免猜错而造成自己损失较大，他们都会不约而同地选择坦白，因此每个人会获得相同的中间刑期，这是一个纳什均衡。我们可以将纳什均衡理解为一个类似于集体中的帕累托最优状况，即通过任何人的努力都不可能使得整个集体的效用变得更好，这是内部复杂博弈之后的结果。按照博弈论的原理，即每个人都不可能得到更高的支付。

我们之所以说通过对同时行动博弈的理解可以明白集体行动博弈的原理，是因为即使在个体之间并没有形成正式的集体性质关系的前提下，他们也能够通过彼此间的复杂博弈而达到如上所述的每个人的支付不可能变得更好的纳什均衡，这点跟集体行动博弈之后的情形是极为类似的。如表2-1，经过博弈的过程，最终会停留在（低，中）即（5，4）的纳什均衡上面。

表2-1 一个简单的同时行动博弈

		列		
		左	中	右
行	顶	3，1	2，3	10，2
	高	4，5	3，0	6，4
	底	5，6	5，5	9，7
	低	2，2	5，4	12，3

不论是同时行动还是集体行动博弈，每个局中人都希望能够最大限度地猜准对方的态度和立场（称为"信念"）。任何有信念的局中人自称对对方（一人或多人）的策略集是有把握的。因此在这些情况下，每个有信念的局中人都相信自己可以取得实际上的最优效果。上述内容其实可以从两个角度来理解：其一，每个人在不用亲身实践的前提下都能够做出实际上最优的行动策略；其二，每个人如果在不能完全确定对方（一人或多人）的行动计划的前提下，能够通过随机策略的方式来达到自身利益最优化。

根据阿维纳什·迪克西特、苏珊·斯克斯（2012）的论述，还可以将同时行动的博弈策略分类为两个局中人都有己方占优策略的情形、两个局中人当中只有一方有着占优策略的情形以及两个局中人都没有占优策略的情形。这三种情形下，同时行动的纳什均衡结果分别为：

囚徒困境就是典型的第一种情形。在这种情形中，每个局中人的信息都是对称的，且他们都知道自己的最优策略是什么，因此也就有了优劣比较。囚徒困境的有趣之处就在于即使他们选择了占优策略，他们相应的支付比起自己选择集中的最优策略也要低一些。尽管这样，他们依然会这样做的原因只是规避更大的风险。然而，在各种情形的囚徒困境中，是不是有比传统的纳什均衡解对局中人更优的解呢？当前类似吉本斯、乔根·W. 威布尔、普拉伊特·K. 杜塔等国际上顶尖的博弈论经济学研究学者认为是有的，我们将针对类似的具体问题进行推导。

第二种情形是一方有占优策略，而另一方缺乏占优策略。简单来说就是一方不论选择哪一种策略，另一方选择同样的策略得到的好处都是相同的，这就是占优。这种情形在政府跟中央银行之间的博弈过程，或者是财政政策的制定一方跟货币政策的制定一方的博弈过程中最为显著。现实中无论中央银行选择降低利率还是提高利率，政府都会选择预算赤字，即较大规模地实行宽松的财政政策。但是，在中央银行看来，如果同时实行低利率和预算赤字的话，货币政策将会失效，可能会撞上凯恩斯陷阱。实行低利率，那么经济增长将会放缓且使得银行的利润降低，同时也扩大了由于法定存款准备金和再贴现率的降低而使得中央银行所蒙受的损失。实行政府财政预算赤字的扩大战略，那么政府一定会要求中央银行在公开市场上代理发放更多的政府债券，回收更多的流动性，从而增加了中央银行的负担，也会提高通货膨胀率和预期通胀率，导致中央银行的利润缩水严重。在政府看来，不论什么时候都不愿意选择预算赤字减少，因此预算赤字单单对于政府来说是非常划算的，属于占优策略。这种情况往往使得中央银行被迫选择提高利率来缓解利润缩水，这样其实降低了双方的整体福利。因为这里是"同时行动"，中央银行通常会认为政府一定会选择扩大赤字的策略，因此中央银行选择提高利率。对于政府方面来说，它判断出中央银行会认为自己一定会采取扩大赤字，二者在这一点上是隔空统一的，因此政府的选择策略不会有什么改变。

第三种情形是双方都没有占优策略，这种情形下双方都会利用排除法逐个排除不好的策略。这一选择方法也适用于三方博弈或者多方博弈的情景。我们称这种情况为"重复剔除劣策略"的博弈。每方都会结合自身所面临的可选择集来决定最终的解。在表2-1中，我们看到，如果使用这种"重复剔除劣策略"的方法来追求占优解，其最后得到的纳什均衡仍然是（5，4），这与我们之前得出的结论是一致的。由此看来，这种方法确实是正确的，尤其是在不存在"占优解"的情况下。下面我们举一个例子，假设局中人面临如表2-2所示的策略集。

表2-2　一种不存在占优解的情形下局中人的选择：重复剔除劣策略的博弈方式

		列	
		左	右
行	上	0，0	1，1
	下	1，1	1，1

表2-2展示了两种纳什均衡的结果，它们所反映出来的效用是一模一样的。如果局中人"行"选择"上"，局中人"列"会选择"右"；而当局中人"行"选择"下"，局中人"列"也会选择"右"。可想而知，"右"是局中人"列"在不知晓局中人"行"的占优策略下所选择的一个重复剔除劣策略。从另一个角度来看，如果局中人"列"选择"左"，则局中人"行"会选择"下"；而局中人"列"选择"右"时，局中人"行"还是会选择"下"。因此"下"是局中人"行"在并不知晓局中人"列"的占优策略前提下所选择的一个重复剔除劣策略。表2-2中"左"与"下"的组合跟"右"与"上"的组合都是纳什均衡状态的结果。这提醒着每一个参与重复剔除劣策略的局中人，如果你找到了一个纳什均衡，请一定要注意是否能够找完整，要看是否还有其他同样的纳什均衡点，否则就会遗漏重要的利益。

最后一种情况是零和博弈中通常所使用的最大最小策略。零和博弈是一种非常常见的现象，战争就是一种典型的零和博弈，而贸易是一种非零和博弈。如果局中人1和局中人2之间的关系是属于零和博弈的，这说明他们是"以邻为壑"的情形，局中人1得到的好处越大，那么局中人2得到的好处就越小。局中人1得到最大好处的时候，那么局中人2就得到最差的结果。相反，局中人1受到的损失越大，那么局中人2得到的好处就越多。局中人1受到最大损失的时候,那么局中人2就得到最好的结果。当然,就局中人1来说,如果他首次选择的话,他一定会选择使得局中人2损失最大的情景来最大化自己的收益。同理,就局中人2来说,如果他首次选择的话,他一定会选择使得局中人1损失最大的情景来最大化自己的收益。因此,在前一种情景下,局中人2就会采取最大最小策略;在后一种情景下,局中人1也会采取最大最小策略。

四、制度变迁理论

制度变迁理论既属于新制度经济学学术范畴,也属于近年来的新兴学科——演化经济学的研究范围。演化经济学最早可以追溯至黑格尔和孔德这些德国古典主义哲学家的著作当中。但是真正意义上的制度变迁或者制度演化理论集中地表现在了凡勃仑、哈耶克、熊彼特、肖特等人的著作中,本小节集中讨论上述制度演化理论的内涵,从中我们可以找到校友经济作为一种新时代的特殊经济产物,符合制度变迁的理论解释。

(一)凡勃仑的制度演化理论

凡勃仑的制度演化理论集中体现在《为什么经济学不是一门进化的科学》一文当中。该篇文章汲取了社会进化论方面的涵养,一改往日庸俗经济学家将价格和利息作为研究的切入点,转而选取了风俗、习惯、文化等这些要素作为经济学中的关键性变量。这一点有几分像本书所研究的校友关系,也是以校友间的长期默契、母校文化底蕴和精神内涵、社会关系人之间的人情资源作为校友经济学的研究切入点。

凡勃仑认为从制度演化的视角来分析经济增长和经济中一些变量变化会涉及制度的"累计因果"问题。凡勃仑指出,制度跟技术一样,它过去的样子会对今天的状况产生非常重要的影响,因此我们观察经济指标的决定性因素时不应只看当前的制度,也要观察并且注意过去的制度或者风俗习惯。这对于全球所有的国家都适用,尤其针对发展中国家。因此,凡勃仑的理论与历史分析法有异曲同工之妙。根据达尔文的社会进化论,凡勃仑认为制度演化的大趋势一定是沿着更好的制度方向演进,落后的制度一定会被淘汰。需要指出的是制度演化跟生物进化一样,在演进的过程之中充满着曲折,例如人类历史上就数次出现了旧制度的复辟。但是演进的趋势是不可阻挡的,这一点是明确的。凡勃仑认定经济学意义上的制度演化是渐进式的演化,而不是突变。凡勃仑的理论跟马克思的思想有一点共通之处,凡勃仑认为制度演化在某种程度上是与经济增长阶段和经济增长状况相匹配的,如果制度演化过于超前,把现有的经济发展阶段远远地抛在了后面,则不利于生产力的增长和经济各方面的改善。如果制度演化过于滞后,也会形成阻碍。在凡勃仑看来,经济增长正是在制度不断得以改善与升级的过程之中曲折地前进的。

(二)哈耶克的制度演化理论

哈耶克的制度演化理论的精髓集中体现在他那本旷世名著《通向奴役之路》中。哈耶克的制度演化理论主要表现在以下几个层面:第一,个体社会成员之间的互动及特定组织间的互动会逐渐演化成一种特定的内部规则，这个过程造成了经济意义上的市场化扩散。第二，组织之间所掌握的知识不对称形成了演化的方向，如果各个成员所拥有的知识储备是对称的，那么演化也就停滞了，这个非常有趣的现象在历史上曾经屡次发生。第三，组织内部之间的冲突和协调在不断发生并推进组织前进。好的制度是需要"折腾"的，组织内部的旧制度和新制度之间的对抗和融合便是这种"折腾"的体现，这也是经常发生的事。某些阶段各方力量是处于冲突中的，但是在某些阶段却是各方力量处于协调中的。一段时间之后，各方之间的主要关系又会转化为冲突，组织制度的优化就在这种螺旋式的演变之中持续间歇性地发生着。第四，组织内部的各种力量在某个关键性阶段一定会就某种观点达成共识。哈耶克断定，共识是推动组织制度优化的决定性的力量。不论是冲突还是协调，都是为了达成共识，以便推动制度的演化、优化以及再造。共识理论是哈耶克制度演化理论的精华。在传统意义上，共识的达成需要进行广泛的协商并以获得共同理解的知识为目的。但进入互联网时代，共识的达成可能在瞬间就可以完成，这使得组织制度的优化速度和效率都大大加快。从另一个方面我们可以看到，尽管人类目前已经步入了互联网时代，但是哈耶克的制度演化理论在相当程度上是有效的，值得今人研究制度经济学时借鉴。

（三）熊彼特的制度演化理论

一般认为熊彼特是技术经济学专家，但是他更为当时的人所熟知的是他关于制度演化的独特见解。熊彼特一般被认为是奥地利学派的典型代表，他有集体主义甚至有共产主义意识形态的倾向，对传统的自由主义提出了自己的批判意见。熊彼特对制度演化理论的贡献是提出了所谓的"渐进式的制度演化"理论，以跟他曾经提出的"适应性的技术进步和技术演化"理论形成一定的呼应。熊彼特认为制度伴随着技术演化而演化，且这一过程是缓慢且不为人所共知的。按照熊彼特的思想，在技术进步的过程中，社会意识会发生一定的变化，这深植于每个人的头脑当中，是任何人都不可避免的。随着技术进步的逐渐深入，这种深植于心的过程只会越来越强烈，使得我们的生活不会有更多的累赘。

（四）肖特的制度演化理论

跟凡勃仑、哈耶克、熊彼特等相比，肖特可以被看成现代演化制度学派的集大成者。肖特对现代演化制度学派经济学的贡献是无可争议的。肖特的制度演化经济学理论以谢林的"凸显点理论"为基石，他认为好的制度源于人们普遍的想法，这些想法是在他们的日常合作和交流中所逐渐磨炼出来的，是一种有利于集体良性发展的特征。人们在这些磨合中，会有意识地去寻找一些有着"凸显"优质的信息，以达到更好的生活状态或者帕累托改进状态。这些找寻的过程并非伴随着绝对的理性，大部分是下意识的，是人们日常生活的一部分。但正是因为这一点，制度的优化过程在自觉或不自觉中完成。肖特的理论体系重新体现了西方自由主义的思想，认为市场和自由信息在制度优化的过程中起决定性作用。

第八节 行为经济学理论

　　行为经济学是一门新兴学科，其理论前提是行为人的有限理性假设，其基本的理论框架由诺贝尔经济学奖获得者乔治·A. 阿克尔洛夫、彼得·戴蒙德、丹尼尔·卡尼曼和理查德·H. 泰勒等人构建。行为经济学产生的初衷是，新制度经济学家代表人物威廉姆森等人发现新古典模型在解释社会经济活动中的某些现象时遇到了困难。凯莫勒是行为经济学理论的早期贡献者，而上面提到的几位经济学家则是这一学科的实际创建者。

　　行为经济学的最大假设前提就是人的有限理性，这与现实是相符的。行为经济学在历史上是与制度经济学、经济心理学、谈判心理学等基本上同步萌芽发展起来的，从这个意义上来说，制度经济学家凡勃仑、康芒斯、科斯、米契尔都对行为经济学的建立做了必要的铺垫。20世纪70年代诞生了旧的行为经济学，旧的行为经济学强调有限理性，但是没有形成完整的逻辑体系。20世纪80年代形成了新的行为经济学，包含前景理论模型、失控理论和心智账户理论等这些从现当代心理学出发而诞生的理论，并成了新的行为经济学的代表。行为经济学的基本思想对于现代微观经济学的推动起到了非常显著的作用，比如现代劳动经济学、现代行为福利经济学、行为公司金融学等都受其影响，特别是决策理论和神经经济学受行为经济学的影响最为深厚。

　　行为经济学中与校友经济学的关系最为密切的几个理论框架分别是心理会计模型、非期望效用和不确定性决策理论、前景理论模型、现实与未来的交换贴现理论、行为博弈理论、失控理论、心智账户理论等。

一、心理会计模型

　　依照乔治·A. 阿克尔洛夫、彼得·戴蒙德（2020）的释义，行为人在社会活动中通常会类似于企业会计活动那样做出"心理会计"行为，即思考钱花到什么地方、面临的约束是什么。跟企业不同，个人做出"心理会计"的目的是为个人和家庭服务，因此衡量钱花得是否值得的标准是大不一样的。

　　心理会计模型的假设前提是行为经济学所普遍提倡的适应性预期，即处于理性预期和有限理性之间的情况，行为人能够找到解决通货膨胀和资产定价模型中唯一的解。"心理会计"脱身于心理学，这是心理学在经济学领域的成功实践的一个范例。需要注意的是人们的心理活动通常是难以追踪的，因此只能从人们的行为中，通常是一些很小的事情，反推其心理倾向性，以便总结出其心理规律。这在将心理预期作为重要的微观变量的当代经济学中是一个很典型的分析方法。例如我们最常遇到的，平时很喜欢且一直关注的某件商品（例如床单）在某天突然发生了大幅降价，那么即使那天我不需要这件床单，我仍然会掏钱购买，因为它的降价已经超越了我的心理预期。那么从我购买这件商品的选择行为中经济学家就可以推断出我作为消费者的心理倾向性。其实并非所有消费者都会像我这样做，例如其他人也许会选择不买，因为购买床单不会带来实质性的用处，买了也是浪费钱。因此不同的消费者所面临的心理会计模型也会有所区别。

心理会计模型一般分为三大类型：第一类是描述个体消费者或者个体生产者如何进行感知体验，并且采取何种标准对自己的决策进行评价。上面的床单案例说明不同的消费者在面临选择时采取的行为截然不同，归根结底是因为他们没有将损失减小纳入自己的总效用中。第二类是按照不同的用途将资金进行分类，分类的方式决定了心理会计账户的类型。例如，给自己小孩的教育进行投资，如果把它归为消费类，则这笔通常来说不小的开支会令较多的父母头痛；而如果把它归为投资类，注重的是远期的回报效应，则这笔开支通常来说会令较多父母宽心很多。这就是心理会计账户的重要意义，不同的分类标准完全取决于家庭的主观意愿，同时也影响着其行为。第三类是心理会计账户被清算的频度。视每个人的心理状态的不同，心理会计账户被清算的频度是不一样的，有人是一天一清算，有人是一月一清算，当然也有不少人是一年一清算。不同的清算频度反映出了每个人的心理倾向性。根据经济学家统计，一天一清算的人群通常更容易患得患失，而在一个较长的周期上他们的损失通常比一年一清算的人群要高很多。

心理会计的价值函数、收益函数、损失函数等都体现了不同人群对于价值、收益、损失的主观判断。从旧的行为经济学或者新古典视角来说，上述经济学概念都是很普通的客观性概念，然而心理会计模型却认为基于不同的幸福尺度，上述概念也可以是相对主观的。首先是价值函数，根据心理会计理论，所有的价值函数都是相对价值函数，而不是绝对的。其次是收益函数，心理会计理论所反映出的价值函数都是向上凸的，而对应的损失函数是向下凹的。再次是损失厌恶函数。一般来说，决策者如果同时面临得到100元和要避免损失100元的情况，他会优先选择后者，因为他更倾向于避免损失，也就是基本上所有人都是损失厌恶者，他们有自己的损失厌恶函数，反映他们对于损失厌恶的心理趋向程度。

下面来看一个例子，在经济心理学或者营销里面的消费者心理学中，会经常遇到这样的例子：假设一个人要购买15元的计算器，一个售货员告诉他在离这家店20分钟车程的另一个分店中，这个同款的计算器售价是10元，假设搭车的钱可以不算在内，那么这个人会为了节约这5元钱去坐车购买价格较便宜的计算器吗？这取决于这个人的心理倾向，如果这个人认为他的时间很紧急，而且要计算器的态度比较坚决，这5元钱可能不在他的考虑范围之内，那么他会选择当场成交。如果这个人觉得时间不在他的优先考虑因素中，那么他或许会去另一家分店买那个便宜一点的计算器。我们再换几个条件，如果这个计算器的总价不是15元，而是150元，另外便宜的那家的计算器不是10元，而是100元，那么同样的心理倾向性条件下，他或许会考虑去另一家分店去买计算器。这两种情况下起关键性作用的因素是什么呢？就是他对时间的态度。如果他的心理会计账户中没有将时间作为重要的因素，那么上面两种情形下他都会选择去另一家分店去买便宜点的计算器。如果他的心理会计账户中有将时间作为重要的考虑因素，那么两种情形下的选择就会截然不同。

心理会计模型对人们的行为和决策的影响是该模型最大的现实意义。心理会计模型的决策理论包括心理会计决策的交易效用理论、心智账户理论、心理会计决策的沉淀成本理论、支付分离理论等。交易效用理论由卡尼曼、特维斯基等创建，交易效用概念的提出跟获得效用概念的提出是同步的。交易效用理论认为消费者的效用应该分为两类，除了有我们平时的获得性效用之外，还有交易效用。前者指的是消费者因为消费物品所给他带来的价值减去他为了获得这一物品所付出的成本，后者指的是消费者通过消费某一件商品所获得的可感知的效用。从定义上可以看出，获得性效用等概念显得比较客观，而交易效用则显得比较主观。比较主观的概念符合行为经济学的假设。实际上后面我们要介绍的心智账户模型也是主观性成分较充足的模型，它所秉持的观点主要有：第一，账面损失比不上真实的损失；第二，当一件事情正在逐渐变坏的时候，大多数人都不喜欢及时止损，都希望能够翻盘，而当一件事情正在逐渐变好的时候，大多数人也喜欢选择观望，看是否能够获得更大的收益。在股市中，上述现象都能够得到较深刻的体现，比如一个人在股价 100 元时选择了买进，那么当股票价格降到 90 元时，他对这种账面损失的感知没有他在外面被偷了 10 元钱那么强烈。这在传统经济学和新古典经济学中找不到类似的分析方法，但是在行为经济学中是常见的案例。而这只股票如果"跌跌不休"，只要没有跌到保证金最低维持率（假设他是采取的保证金交易的方式），那么他很有可能会选择观望，而不是及时止损，而这又会导致他的损失越来越大。

进一步深入地思考可发现，上面所列举的心智账户案例也涉及了沉淀成本的概念。行为经济学认为，人们在面临沉淀成本的时候，往往会变得犹犹豫豫，不能做出理性的决断。最常见的例子是假设你买了一双皮鞋，那么因为这双皮鞋本身的质量原因（比如磨脚），你将面临一些意想不到的局面，你可能会在第一次时磨脚后暂时放弃它不穿，但通常很多人会在沉寂一段时间之后重新选择拾起这双皮鞋再穿，想再看看是否磨脚。如果结果是不磨脚，那么你认为沉淀成本为零；如果结果是继续磨脚，那么你会再次失望。但是因为之前付出了沉淀成本，你会选择继续弃之不用。行为经济学告诉我们，这双皮鞋的原价越高，你在彻底放弃之前试穿的次数就会越多，因为你认为这双鞋的沉淀成本太大。如果最终你认为这双皮鞋还是磨脚，那么你必须接受这个损失。

在校友经济学中也会面临同样的局面。我们假设一个人找寻社会关系所付出的成本是 100 万元，那么他会很在乎这 100 万元能否为自己的企业带来确定型利润。如果在一段时期以内，他发现本该发挥作用的社会关系没有起到相应的效应，那么他会视投入的先期成本的大小和未来的收益来决定是否继续投入成本来维持这种社会关系。如果经过一段时间后，这条关系线的作用仍未能凸显出来，他可能最终会选择彻底放弃，先期投入的成本全部成为无法收回的沉淀成本。为了能够让本例中的当事方减少心智账户上的成本项（实则为最后的损失项），较好的办法是提高找寻更可靠社会关系的概率。随着时间的推移，校友关系可能成为很多企业在面临这些问题时首选的对象，这是因为校友关系是一种"确定型战略资源"。

二、非期望效用和不确定性决策理论

不确定性理论通常是演化博弈理论的假设前提。克里斯·斯塔莫探寻了行为在面临不确定性时的非期望效用理论和其内在的风险决策之间的关联性，并为建造行为经济学理论的大厦打下了另一坚实的基础。为了解非期望效用理论，首先必须对期望效用理论做一个大致的了解。丹尼尔·伯努利于在分析一个理性经济人进入不同条件的赌局之时应该采取何种可接受价格这一问题时，制定出了期望效用理论模型。但是两个世纪以来，期望效用理论没有多大进展。直到1950年，冯·诺依曼与摩根斯坦才重拾这一旧时的理论，克里斯·斯塔莫（2020）等人进行了较多的推进。斯塔莫将期望定义为各种相关联的概念组合，并认为自伯努利时代起期望效用理论主要由三大公理组成。三大公理分别为有序性公理、独立性公理和连续性公理。

有序性公理指的是一个理性人的期望效用必须是完备且具有可传递性的，同时完备性应该为一个最基本的条件，即如果有两个期望分别是 r 和 q，这两个期望对于同一人之间的关系要么是 $r \geq q$，要么是 $q \geq r$，而不可能有其他的情形。因此，一个人的好恶不存在模棱两可的局面。但是上面的符号是"弱偏好于"而不是"强偏好于"的意思，即相对好于，意味着只要条件改变，偏好的顺序很有可能发生转换。上面的独立性公理要求如果满足 $r \geq q$，那么就一定会有 $(r, p; s, 1-p) \geq (q, p; s, 1-p)$；相反，如果满足 $q \geq r$，那么也就一定会有 $(q, p; s, 1-p) \geq (r, p; s, 1-p)$。需要说明 $(r, p; s, 1-p)$ 和 $(q, p; s, 1-p)$ 都是复合期望，第一、二个元素分别表示期望值和发生这个期望值的概率，而第三个元素表示概率为 $1-p$ 的期望值。从上面可以看出，两种情况下概率为 $1-p$ 的期望值都是 s。但是独立性公理一般很难满足。最后，所谓的连续性指的是如果 $q \geq r \geq s$，那么实质上 $(q, p; s, 1-p)$ 跟 r 本身并没有什么区别，行为经济学将这种情况称为"不异于"。

三、前景理论模型

从某种意义上来说，前景理论是行为经济学的核心，它的出现代表了新的行为经济学的正式形成。前景理论模型的核心是投资者对于损失的规避相对于收益的不确定性来说，通常对收益的不确定性要更为关注。金融市场上的股权溢价就是一个非常好的例子。西格尔、贝纳茨等率先对股权溢价问题进行探究，证实了上述推测，因而前景理论模型从金融市场的问题中开始发展。这一基本观点对于我们理解校友经济学主体为何要想方设法去挖掘潜在的校友资源等长期性的、能够带来确定性收益的资源的现象，或许是一个不错的理论诠释。

另外，凯莫勒在西格尔、贝纳茨等的理论先导下，又指出股权交易者或投资者持有下跌股票的时长往往多于持有上涨股票的时长。从平均视角来看，这一点与大众所惯常熟悉的"买涨不买跌"的操作手法存在一定的区别。但是，这确确实实是一个普遍现象。凯莫勒（1998）根据计算认为那些持有正在下跌股票的人在次年的获益往往远小于持有正在上涨股票的人在次年的收益。

前景理论模型还应用在劳动供给问题、消费者的非对称价格弹性问题、储蓄与消费的弹性问题、现状偏见与资源的禀赋效应、买卖价格差问题以及赌马游戏过程之中。

四、行为博弈论

行为博弈论是行为经济学另一个重点研究领域。行为博弈论主要研究在策略环境下，人类行为的预测方式和模式。首先，我们知道在一个典型的策略互动过程中，局中人1的行为会影响到局中人2的支付方式和支付函数。但是我们在行为经济学的框架下介绍行为博弈的目的是为实现社会效用。囚徒困境是典型的合作博弈模式，最后通牒博弈是另一种典型的合作博弈模式，它们都在一定程度上给出了社会性的行为动机。乔治·A. 阿克尔洛夫、彼德·戴蒙德、丹尼尔·卡尼曼、理查德·H. 泰勒（2020）举了一个例子，说美国的在校大学生（他们一般相对于美国社会中的精英阶层来说属于低收入阶层）之间和发展中国家的穷人之间大多都会选择拒绝出让短期利益，而不管实际上最后损失的可能是长期的、更大的利益。他们还据此得出了如果三方博弈中有两个人选择了拒绝出让短期利益，而只有一个人出让短期利益去换取长期利益情况的纳什均衡解。乔治·A. 阿克尔洛夫、彼德·戴蒙德、丹尼尔·卡尼曼、理查德·H. 泰勒（2020）认为一个好的社会环境应该是在竞争占主导的情况下，每个人意识到牺牲金钱无法换取公平，因此都选择以短期利益为重。

第九节 产业组织理论

产业经济学是一门新兴应用型经济学学科，主要研究微观经济行为主体参与市场交易与组织的理论体系。西方学者对产业经济学的探讨已经有两百多年的历史，并已形成较为成熟的理论体系。其中，产业组织理论被认为是西方产业经济学的核心理论。20世纪80年代，西方的产业组织理论被引入中国大陆。随着市场经济的发展，产业经济学理论与实践成了一个发展较快的专业研究领域，并在中国掀起了产业经济学的研究热潮。中国学者在研究西方产业组织理论著作和实践的基础上，结合中国的实际情况，形成了一些符合中国国情的产业组织理论思想。这些思想对于中国产业政策的制定和产业经济发展都具有一定的引导作用。

一、产业组织理论的思想渊源

产业组织理论的思想渊源久远。柏拉图对劳动分工的分析是经济学体系的一块基石。柏拉图关于专业化会增加生产的思想可以被认为是产业组织理论思想的一粒种子。在17至18世纪，由工业革命带来生产力的快速发展在促进社会进步、经济繁荣的同时，也为经济学的研究创造了更加广阔的领域，各种经济学理论学说和经济学文献如雨后春笋般涌现出来。其中，最具代表性的是亚当·斯密的著作——《国富论》。他在书中系统地论述了由竞争机制自发决定的价格体系如何创造出一个理想的市场秩序。他同时指出了企业的市场行为，并提出商人们的利益在商业或制造业的任何特定分支机构里总是在某些方面不同于甚至对立于公共利益。拓宽市场和减少竞争总是商人们的利益所在。可以说,亚当·斯密是最早认识到产业组织核心研究问题的经济学家。

但是,亚当·斯密在关注竞争机制的作用及分工协作产生经济效益时,忽视了竞争与规模经济之间的关系。而填补这一空缺的是产业经济学的先驱——马歇尔。在马歇尔的成本分析理论中,他分析到企业在成本递减的条件下运营会趋向于无限增长,最后变成垄断企业。追求规模经济和由此引起的垄断扼杀竞争活力构成了一对难分难解的矛盾,这就是著名的"马歇尔冲突"。

后来,马歇尔在《产业贸易》中指出,几乎所有的竞争性市场都有垄断性因素,并根据市场的不确定性起作用。这一观点影响到了哈佛的张伯伦和剑桥的琼·罗宾逊夫人等人。张伯伦在 1933 年出版了《垄断竞争理论》,他在书中提出了垄断竞争的概念。同年,罗宾逊夫人出版了《不完全竞争经济学》,她探讨了垄断市场需求特征、垄断企业的成本、垄断企业的短期和长期均衡以及多厂垄断和双边垄断等。

罗宾逊和张伯伦为分析产业组织提供了实践模拟基础,直接推动产业组织理论向市场结构方向发展,尤其是张伯伦在其上述著作中提出的一些概念和理论观点,成了现代产业组织理论的重要来源,他也因此成为现代产业组织理论的重要奠基人。

现代最早的产业组织理论见于哈佛大学梅森教授和乔·贝恩的相关研究中。乔·贝恩在吸收和继承马歇尔的完全竞争理论、张伯伦的垄断竞争理论和克拉克的有效竞争理论的基础上,提出了 SCP 分析范式。该分析范式成为传统产业组织理论分析企业竞争行为和市场效率的主要工具。贝恩认为,新古典经济理论的完全竞争模型缺乏现实性,企业之间不是完全同质的,存在规模差异和产品差别化。产业内不同企业的规模差异将导致垄断。他特别强调,不同产业具有不同的规模经济要求,因而它们具有不同的市场结构特征。市场竞争和规模经济的关系决定了某一产业的集中程度,产业集中度是企业在市场竞争中追求规模经济的必然结果。一旦企业在规模经济的基础上形成垄断,就会充分利用其垄断地位与其他垄断者共谋限制产出并提高价格以获得超额利润。同时,产业内的垄断者会通过构筑进入壁垒来使超额利润长期化。

1959 年,贝恩所著的第一部系统阐述产业组织理论的教科书《产业组织》出版,标志着哈佛学派正式形成。哈佛学派以实证的截面分析方法推导出企业的市场结构、市场行为和市场绩效之间存在一种单向的因果关系:集中度的高低决定了企业的市场行为方式,而后者又决定了企业市场绩效的好坏。这便是产业组织理论特有的"结构—行为—绩效"(Structure-Conduct-Performance,SCP)分析范式。哈佛学派建立的 SCP 分析范式为早期的产业组织理论研究提供了一套基本的分析框架,使该理论得以沿一条大体规范的途径发展。

哈佛学派的产业组织理论以实证研究为主要手段,提出了 SCP 分析范式。该范式认为结构与行为绩效之间存在因果关系,即市场结构决定企业在市场中的行为,企业行为又决定市场运行的经济绩效。在 SCP 分析范式中,市场结构是指对市场内竞争程度及价格形成等产生战略性影响的市场组织特征,主要决定因素为市场集中度、产品差异化和进入壁垒。市场集中度表示在某个产业或市场中,买方或卖方的相对规模结构的指标。产品差异化代表了同类产品或服务的不完全替代性。市场行为可分为价格策略、产品策略和挤出策略。市场绩效是在一定的市场结构下,由一定的市场行为所形成的价格、产量成本、利润、产品质量等方面的最终经济成果,主要通过资源配置效率、产业的技术进步、生产的相对效率和广告费比重等因素来衡量。根据该学派的观点,较高的市场集中度意味着垄断,并导致超额利润的产生。

SCP分析范式的最大吸引力在于一旦接受了其因果关系假设,并以可观测的结构变量与绩效变量(结构变量如以卖方集中度、进入条件和产品差异化程度为一方,绩效变量如超常利润、销售成本及技术进步率为另一方)建立起稳定的一般关系模型,就能很方便地了解其中的规律并制定政策,而不必探究其固有的、难以处理的且在很大程度上不可观测的市场行为过程。20世纪60年代中后期,计算机和经济计量学软件的迅速普及使得利用该范式进行横截面数据分析成为可能,并一时成为产业组织问题研究的时尚。

SCP分析范式在20世纪70年代后期开始走向衰落,主要原因为该范式缺乏深厚明确的理论基础。在行为到绩效的反馈关系以及结构的内生性问题方面,SCP分析范式出现了对统计结果解释相互矛盾的问题。另外,在处理市场绩效时存在多维的衡量标准,特别是将其作为回归分析的因变量时,回归难度较大。总之,该分析范式后来被取消主导地位,主要是由于在实践中人们没能发现那种稳定的、具有普遍意义的模型关系。

其后的研究中便产生了芝加哥学派对结构、行为、绩效的研究范式。在SCP分析范式中,市场结构是基本的决定因素,不同的市场结构会产生不同的市场绩效。芝加哥学派则认为,市场绩效起着决定性作用,不同的企业经济绩效形成不同的市场结构。高集中度市场中的大企业来自生产经营的高效率,产生高效率的因素则是大规模生产下的规模经济性、先进的技术和生产设备、完善的企业管理等。正是企业的高效率因素而不是哈佛学派所认为的垄断因素形成了企业的持续高利润。与其说市场结构决定市场行为进而决定市场绩效,倒不如说是市场绩效或市场行为决定了市场结构。

根据芝加哥学派的观点,反托拉斯政策的目的是促进经济效率,从而实现消费者利益最大化。反托拉斯法应该保护竞争,而不是单纯保护竞争者。对市场行为的判定,不在于其是否损害竞争者或排斥竞争对手,而在于是否促进社会的经济效率。如果市场上竞争者太多,不利于规模经济的利用和经济效率的提高,就应该允许通过竞争、兼并来推动市场集中。

哈佛学派与芝加哥学派在结构、行为、绩效的因果顺序方面观点相异,并据此提出了各自的政策主张,这些主张在经济实践中也确实发挥了一定的影响作用。总的来说,作为分析某一行业、某一市场的基本出发点,结构、行为、绩效这三者确实存在一定的相互作用关系。当然,由于具体行业的经营特点有所不同,这三者之间相互作用的强弱及作用方向有所不同。SCP分析范式提供了一个既能深入具体环节,又有系统逻辑体系的市场结构(Structure)、市场行为(Conduct)、市场绩效(Performance)的产业分析框架。基本含义是市场结构决定企业在市场中的行为,而企业行为又决定市场运行在各个方面的经济绩效。产业组织理论的基本体系由市场结构、市场行为和市场绩效三个基本范畴构成,而且三者之间存在着相互作用、相互影响的双向因果关系:一方面,从短期看，市场结构决定市场行为，市场行为决定市场绩效；另一方面，从长期看，市场绩效对市场行为、市场行为对市场结构也有一定的反作用。人们普遍认为，结构对行为、行为对绩效的影响是最主要的，而绩效对行为、行为对结构的影响是相对次要的。结构—行为—绩效构成了产业组织理论的基本分析框架和分析范围，不同学派的各种产业组织理论观点均是围绕结构、行为、绩效这三大市场要素展开的。其中市场结构指构成市场的卖者（企业）之间、买者之间、卖者和买者集团之间关系的因素及其特征，主要包括卖方之间、买方之间、买卖双方之间以及市场内已有的买卖双方与正在进入或可能进入市场的买卖双方之间在交易、利益分配等各方面存在的竞争关系。决定市场结构的主要因素有集中度、产品的差别化、市场进入与退出壁垒、市场需求的增长率、市场需求的价格弹性、短期的固定费用与可变费用的比例等。而且诸因素之间常常互相影响，如当市场需求的增长率显著上升时，会使相同条件下的市场进入壁垒降低、卖者的集中度下降、整个市场结构竞争性增大。市场集中度、产品的差别化和市场进入退出壁垒在前述决定市场结构的因素中占有特别重要的地位，其中市场行为是指企业为获得更大的利润和更高的市场占有率而在市场上所采取的战略性经营行为。企业的市场行为受制于市场结构，同时又反作用于市场结构，影响市场结构的特征和状况，并直接影响市场绩效。市场行为主要包括企业的价格行为、企业的非价格行为和企业的组织调整行为。其中市场绩效是指在一定的市场结构下，通过一定的市场行为，使某一产业在价格、产量、费用、利润、产品的质量以及技术进步等方面所达到的现实状态。它实质上反映了市场运行的效率。SCP分析范式主要描述行业绩效、企业行为以及产业结构之间的互动关系、基本条件、产业结构以及政府政策与以上三者的关系。在SCP示例中，产业的绩效取决于卖方和买方的行为，而卖方和买方的行为取决于市场结构，市场结构反过来又取决于基本状况，如技术和需求。该模型在机理与功能上与波特的"钻石模型"有着异曲同工之妙。

二、产业组织理论的中国化

从总体上说，在中国，产业经济学作为一门经济学分支学科，始于改革开放之后。中国的经济学者在借鉴世界各国产业经济学研究成果的基础上，结合中国国情，构建了具有中国特色的产业经济学理论体系，形成一些中国化的产业组织理论思想。

纵观四十多年的研究历程，中国的产业组织理论不管在内容上、研究方法上、广度上或深度上都在不断发展。根据时代背景与特点，我国的产业组织理论研究可大致分为三个阶段。

（一）第一阶段（1980—1990年）

在该阶段，对产业组织理论的研究主要集中在对西方产业组织理论著作的引进和学习上，同时中国的学者也开始尝试运用产业组织理论来研究中国的一些产业组织问题。

1985年，世界银行经济发展学院和清华大学经济学院联合举办经济管理讲习班，并编印了《产业组织经济学》，比较系统地对西方产业组织理论进行了介绍。1988年，卢东斌翻译的日本学者植草益的《产业组织论》出版。这是国内第一本系统介绍国外产业组织理论的译著，虽然篇幅不到万字，但结构框架比较完整。随后，国内又陆续翻译出版了几本西方学者研究产业组织的著作，如克拉克森和米勒的《产业组织理论、证据和公共政策》、施蒂格勒的《产业组织与政府管制》。上述著作的翻译出版对产业组织研究在中国的兴起起到了很大作用。

1988 年出版的胡汝银的专著《竞争与垄断社会主义微观经济分析》，完全以中国经济的竞争与垄断为研究对象。1989 年出版的邹东涛和杨秋宝的专著《经济竞争论》，系统论证了中国经济竞争模式问题。与此同时，《经济研究》1987 年第 10 期发表了史正富的论文《产业组织的转换与产权制度的改革》，1988 年第 10 期发表了陆德明的论文《改造产业组织、建立垄断竞争市场》。复旦大学课题组发表了《通过产业组织的改革与创新，建立社会主义垄断竞争市场》。上述专著和论文开创了运用产业组织理论范式对中国现实产业组织问题，特别是垄断与竞争问题进行研究的先河。

（二）第二阶段（1991—2000 年）

20 世纪 90 年代以后，随着中国改革开放的深入和明确提出建立社会主义市场经济的改革目标，垄断与竞争之间以及竞争与效率之间的关系逐渐成为中国经济发展中的突出问题，并逐渐引起学者的关注，产业组织理论的研究成了产业经济学研究的主要内容。学者们对市场结构与市场分割问题、产业运行绩效问题、市场结构的适度集中问题和反垄断与管制政策问题提出了一些独到的见解。这一时期出现了一批分析比较规范的研究成果。

1991 年，陈小洪、金忠义出版的《企业市场关系分析——产业组织理论及其应用》是国内学者编著的针对国内读者的第一本系统介绍产业组织理论和国外产业组织状况的专著。1991 年，王慧炯主编的《产业组织及有效竞争——中国产业组织的初步研究》一书出版，1993 年马建堂的《结构与行为——中国产业组织研究》一书出版，这两本书同时荣获了第六届孙冶方经济学奖。1994 年，夏大慰的《产业组织学》出版，这是国内第一部系统介绍和分析产业组织理论、方法以及产业组织政策的教材。1995 年，王俊豪出版了《市场结构与有效竞争》。1997 年，国际上最流行的泰勒尔的教科书《产业组织理论》和美国经济学家丹尼斯·卡尔顿等著的《现代产业组织》两部著作的中译版均被出版。这两部译著，特别是《产业组织理论》的最大特点是运用博弈论和信息经济学方法分析产业组织问题，为中国产业经济学界带来了新的分析方法。由此，运用博弈论和信息经济学方法研究中国产业组织问题的文献逐渐增多。

20 世纪 90 年代，中国经济从卖方市场转向买方市场，大部分行业的产业组织较不理想。具体表现为全行业产能过剩、行业内的企业数量过多、各企业的产量绝对水平低以及与国际领先企业的规模相比存在较大差距。对这种不理想的市场结构，中国学者们的观点比较一致，认为必须要做大优势企业，淘汰落后产能，实现规模经济，推动产业集中。

关于反垄断与管制政策问题，中国学者对反垄断的看法比较一致。张维迎教授与盛洪教授指出，中国反垄断的首要任务是反政府部门的垄断和限制公平竞争的行为。他们提出的诸多政策建议在之后的电信业改革中都成为现实。

总之，这一时期的研究趋于多样化。在研究的理论框架上，既有在西方正统的产业组织理论的分析框架内展开的分析论著，也有在新制度经济学和公共选择理论的框架内进行分析的成果。在研究方法上，规范性的分析在减少，实证和案例分析的论著增多。在分析广度上，既有综合性分析，又有行业分析和专题性研究。在研究内容上，有关市场进入与退出、反垄断、政府规制、垄断行业引入竞争机制等问题不断地进入经济学家的视野。由此看出，在该阶段内中国产业组织理论体系已初步形成。

（三）第三阶段（2001年至今）

进入21世纪以来，随着博弈论分析工具的引入，产业经济学对企业竞争行为、竞争战略选择等领域的研究越来越普遍、具体和深入。SCP分析范式仍然是中国学者研究产业组织使用的主要研究工具，较多的中国产业经济研究者以中国经济转轨作为研究背景，引入制度变量，对特定产业的市场结构、企业行为和市场绩效之间的相关性进行实证检验，案例研究越来越多。且随着研究的深入，在总体研究的基础上，产业经济学的研究开始针对国际贸易、金融、保险、证券、中介机构等具体行业领域。此外，随着社会主义市场经济改革进程的深入，对深化垄断行业改革、反垄断、政府规制体制改革、产业竞争力等问题的研究日益引起学术界的重视，这方面的研究成果开始大量涌现。

纵观产业组织理论的形成、发展和中国化，产业组织理论的研究方法日益丰富，从纯粹依靠经验总结到寻找可靠的理论支持，再到理论与实践的紧密结合。近年来，数理推导大量运用于产业组织理论的研究，博弈论与计量分析逐渐成了该领域的常规研究方法。在中国，学术界对产业组织理论的研究获得了丰硕的成果，但也有不足之处，表现为研究领域的专业分工还不够，学界的研究独立性也要进一步加强。在当今日趋复杂的经济形势下，产业组织理论具有广泛的创新与发展空间。产业组织理论的研究对于准确把握产业现状、合理制定产业政策以及有效维护产业安全，具有十分重要的意义。

第十节　本章小结

本章列举了校友经济学可能涉及的理论基础，分别是马克思主义哲学中的社会关系理论、社会网络理论、经济信息理论、城市空间经济理论、三螺旋理论、动态合作博弈理论、新制度经济学理论、行为经济学理论、产业组织理论。总体上看，本章所列举的新制度经济学理论的内容是最为丰富的，且其他的理论基础跟新制度经济学理论也存在交叉的现象。如何更好地利用和开发校友资源这种确定性的战略型资源，是每个企业都会面临的新课题。新制度经济学中的契约理论、企业理论、集体行动理论等有力地解释了企业寻求合理利用校友资源的方法以获得更大突破的内在缘由。

马克思主义的理论源泉是校友经济学得以生存和发展的重要基石。从理论上来说，发展校友经济必然是个人和企业未来需要以及社会需要的高度契合，这在马克思的很多著作中早已阐明，也反映出了马克思主义哲学和经济学旺盛的生命力。

第三章 校友经济研究进展

第一节 校友资源开发和利用的研究进展

大学校友作为与高校联结较为紧密的社会群体之一，是高校建设与发展的重要资源。世界一流大学如哈佛大学、耶鲁大学和普林斯顿大学都非常重视运用校友资源进行筹款以获得教育经费。目前，学术界对校友资源的研究正逐步走向成熟。

一、国外关于校友资源开发和利用的研究

关于校友的研究在美国和欧洲起步较早，最早的校友研究是美国在20世纪30年代开展的，致力于帮助大学领导者监控大学满足和回应就业需求的情况，而目前的校友研究已经扩展到许多领域。关于校友资源开发和利用的重要性，美国学者哈珀（1989）提出，校友作为一种重要资源，它对高校的宣传、招生、职业安置等方面起着重要作用，如果没有校友支持，大学也难以得到非校友力量的支持。寇恩（2008）通过对黑人校友会的成长与拓展的研究，阐明加强校友项目的实施对于维持黑人大学（HBCU）在美国高等教育中获得成功至关重要。凯泽（2011）等认为校友网络和人力资源管理之间的战略联系提供了与校友保持终身关系的可能性，校友以多种方式充当传播者，开发校友网络管理资源在各个领域都具有重要性。贝特和多尔曼（2019）通过对圣路易斯大学学生的投资管理计划的研究发现，学生努力使更多的校友参与这一计划，并在老师付出很少的前提下，学生获得很多实际价值。该研究表明保持与校友的联系，将使高校的课程计划和在读学生都获得更丰富的收获。

校友资源目前所产生的最直接也是最重要的效益就是捐赠，国外学者针对校友捐赠及其影响因素做了较多的探索。崔（2007）通过研究发现普林斯顿大学、哈佛大学等著名世界一流高校的校友中有约80%的人仍旧与学校保持着各种形式的联系，说明高校通过与毕业生的联系，培育校友情结并激励感染校友参与到母校的建设事业，形成校友对母校的感恩回馈，对母校的捐赠也成为校友的选择。温纳瓦和劳兹（2001）对组织校友活动与校友捐赠的关系进行研究，发现举行校庆等重大活动对校友捐赠具有积极的作用。盖尔（2005）通过收集关于校友参与度相关数据，分析校友、母校学术水平及满意度的关系，得出对学术成果的满意度越高，校友给予捐赠的可能性越高，表明学术水平

及满意度会影响校友资源。马尔（2005）等对大学的教育质量与校友捐赠的关系进行研究，发现在校期间接受的教育质量越高，毕业后向母校捐赠的可能性越大，捐赠数额越高。休（2005）通过为期两年的针对美国中西部公立大学的校友捐赠行为进行实证研究，发现毕业年限、性别、校友动机、校友经历、在学经历以及课外活动这些因素会对校友的捐赠行为产生显著的影响。莱维纳（2008）认为与校友进行更频繁或更深入的沟通和校友捐赠有更大的关联，且与之呈现正向相关，证明校友联系的开发与校友资源利用存在正相关性。伯登（2015）研究发现校长高超的领导水平与高校获得捐款呈现显著的正相关关系。弗莱明（2017）基于"投入－环境－产出"理论探索校友给予母校捐赠的影响因素，学生的个人特质及经历是影响校友捐赠的重要变量，学生时代的积极体验与经历将明显地促进毕业生校友捐赠行为。

除了校友捐赠外，校友"圈子"与联系平台也能产生其他一系列的经济效应。巴特勒和荛仑（2012）选取2004—2007年美国市场中358个基金家族的8032只基金为研究样本，发现如果基金经理与公司高管存在校友关系，则基金对限制管理层薪酬的提案投反对票的可能性更高；与基金经理有校友关系的高管薪酬显著高于无校友关系的高管。恩格尔贝格（2013）等人利用2000—2007年美国上市公司的数据进行研究，结果也证实上市公司高管与其他上市公司高管存在的校友关系与薪酬显著正相关，并且高管的校友关系每增加一个，其薪酬增加17000美元。舒（2013）对哈佛大学MBA实习经历进行研究，根据哈佛大学MBA的教育计划，学生第一年将会被随机分配至美国的大型企业实习，研究发现MBA学生实习建立的关系网络不仅影响着他们的职业选择，并且当MBA学生成为高管后，他们所设计的薪酬计划以及并购战略与校友关系呈显著相关关系。

与政治关系、家族关系、商业关系不同的是，校友关系更直接。科赫尔（2012）等人就共同基金经理和公司董事成员的共同教育背景的网络进行了研究，选取1990—2006年美国市场数据作为研究样本，结果发现基金经理的重仓股中校友关系的公司占比明显较高，与没有校友关系的公司相比，校友关系公司每年的收益高出7~8个百分点，这些收益主要集中在公司消息公告日前后，证实了基金经理可以通过校友关系获得上市公司私有信息这一论断。科赫尔等人对买方分析师的校友关系网络研究进一步发现，校友关系网络是公司信息泄漏的重要渠道，并且会带来显著的溢价效应，他们发现与上市公司高管有校友关系的卖方分析师推荐的股票每年可以获得6.6%的收益，在公司选择性信息披露的时间段之前，通过校友关系每年可以获得9.36%的超额收益，但在选择性信息披露之后却不能获得溢价。

国外大学始终把校友作为一种重要的资源，它既是智力的，又是人力的，还是非常雄厚的财力资源。而且在大学的评估中，学校校友的社会贡献率也是其考察的内容。而在美国的高校中，大部分的大学捐赠都来自校友捐赠，其他很大一部分校友捐赠也是通过校友资源的关系。校友对母校的支持不仅体现在对其社会地位的维护上，还体现在校友捐赠对学校的战略发展上。世界级的名校在国外居多，校友工作经验丰富，其成熟的工作体系和机制具备一定的参考意义。国外大学对校友资源的研究在理论和实践两个层面上都走在前列，因此对我国校友资源开发和利用有一定的借鉴意义。

二、国内关于校友资源开发和利用的研究

黄文辉、刘敏文（2000）在国内最早提出校友是资源，提出高校校友是十分宝贵的人才资源和教育资源，是高校发展中不可忽视的一支重要力量。校友也是学校的公共关系资源、信息资源、物质资源，为适应一流大学建设的需要，应加强信息联系，开发校友资源。贺美英等（2004）对校友资源进行定义，认为校友资源是校友自身作为人才资源的价值，以及校友所拥有的财力、物力、信息、文化和社会影响力等资源的总和，提出从"资源"的角度重新认识校友问题，拓展校友工作的广度和深度，充分开发校友资源不仅能为学校赢得声誉和提供物质资源，也能为校友自身的职业发展提供重要贡献。郭樑（2005）对大学校友事迹刊登、调查毕业生人才培养以及设立奖助学金进行分析，发现校友资源育人功能具有示范、反馈和强化三大效应。

关于校友资源的开发和利用，我国学者主要分析存在的问题及解决路径。汪建武（2007）对于高校校友资源的开发与利用进行了比较全面系统的分析，提出开发校友资源需要遵循科学性、可持续性、情感性与互利共赢等原则，建立校友资源开发与利用的立体网络。张粉婵（2012）根据教育经济学、社会资本理论等相关基础理论，采用规范分析与实证分析相结合的方法，分析了高校校友资源开发利用的现状和存在的问题，阐明大学与校友、校友会与校友、大学与校友会之间的关系，从而明确高校校友资源开发利用的重要性。苏结（2017）以社会资本为视角，探析高校校友资源开发的路径，提出校友与高校的合理定位与良性互动能够使双方都从中获得提升与发展，但行为的发生受到价值观念、信任障碍、活动平台等因素的影响。社会资本的结构、关系和认知三个维度与校友资源的开发关系密切，通过影响校友与母校互动机会的保证、意愿的发生以及理念的形成来促成高校校友资源的合理开发与利用。刘素军（2019）认为大多数研究者和高校在校友管理工作中存在校友概念界定不准，对校友存在缺乏感情培养、后期却过度索取、管理理念陈旧以及机制不全的问题，并通过问题分析和校友价值特点分析，引入知识管理理念，确定校友管理工作思路和指导思想，制定知识管理制度、搭建信息化管理平台、策划多种校友管理活动等对策。吴笑韬（2020）提出校友资源是高校的宝贵资源，如何对校友资源进行有效的开发和利用越来越受到高校的重视。然而，目前高校对校友资源的开发和利用受限于校友的支持能力和意愿，亦受制于高校作为非营利性组织的价值追求，面临着双重困境，即面对校友对高校的资源支持及高校对校友的资源回馈的双重困境，要实现对校友资源更有效及可持续的开发和利用，高校必须重视校友资源开发利用的"第三维度"，发挥校友的教育评价及反馈作用。

关于校友捐赠的代表性研究文献如下：陆根书和陈丽（2006）在国内相对较早地研究并总结了我国普通高校校友捐赠的渠道优化策略，分别是筹资努力（如类似于美国那样建立专门的校友捐赠事务部等举措）、培育校友的母校情结（即母校的文化影响力、归属感和认同感）和丰富毕业生的在校经历等。尹琳（2008）认为，随着全球高等教育成本的上升和高等教育大众化的发展，经费不足成为制约各国高校发展的一大瓶颈。我国高等教育发展迅速，仅靠政府财政投入的传统办学体制已难以满足现有的需要。在此

情况下，高等教育筹资多元化成为我国高等教育的主要财政政策。而社会捐赠作为一个重要的社会资金来源，在其中发挥着日益重要的作用。公立高校一直是我国高等教育的主要形式，研究公立高校社会捐赠问题对于缓解当前高等教育的资金压力、探索适合我国国情的筹资方式具有重要意义。何孟颖（2014）认为，依靠校友捐赠的方式来增加普通高校的资金充足率，早在18世纪的西方国家就有了一定的基础。21世纪以来，美国等西方高校中的校友捐赠已蔚然成风，成了一种习惯性的社会文化符号。这些高校依靠自身力量、社会关系以及校园文化，长期培植校友资源，以使得校友捐赠变成一种大众广泛接受的事物的整个过程，是值得中国高校借鉴的。她同时提出了如何借鉴西方国家的成功经验并为我所用的模式，亦即其校友捐赠模式中国化的简单方案。莫蕾钰、李岩（2015）认为高校可以通过学术成就的影响、毕业生社会知名度的影响、高校社会声誉的影响和技术转化影响等四个维度来争取校友的捐赠和回馈，从而破解高校资金缺口问题和高校不懂得如何构建高效、有序、科学的校友捐赠渠道的问题。赵敏祥、陈侃翔和何国勇（2020）在前人的研究基础上，认为全国2600多所高校未来的财源将很大程度上来自校友的捐赠，但是仅仅依靠校庆等活动来筹措资金，是杯水车薪，且是短暂的、非持续的，对于显著改善高校的财务状况无甚裨益，应该从与当地城市的校友会或者校友基金会合作中寻找新的渠道，以便形成一种系统的、长效的校友捐赠机制。

就目前我国高校校友资源开发利用的现状而言，校友资源的开发利用主要有三个维度：一是校友把自身所拥有的各种资源赠予高校，为高校的发展直接提供资源支持，即校友捐赠；二是校友积极营造对高校发展有利的社会环境，包括舆论环境、政策环境和文化环境，为高校发展营造良好的外部环境，使高校获得更好的外部资源支持；三是校友自身作为高校教育活动的"产品"，对学校的人才培养模式、教学计划、教学内容、教学方法、教学管理以及学校的文化氛围等方面的反馈信息对于学校改进人才培养质量具有至关重要的作用，是对高校办学成效进行监测、评价和反馈的重要资源（李欢等，2011）。尽管人们对校友资源的多元价值已经有了充分的认识，校友资源中的财力资源仍然是我国高校校友资源开发利用的主要目标，校友捐赠依然是高校校友问题研究的核心议题（罗志敏、苏兰，2017）。何孟颖（2014）根据社会认同、交换和资本相关基础理论归纳总结分析影响我国高校校友捐赠的因素，即高校特征、校友特征和与组织间的竞争。莫蕾钰、李岩（2015）运用偏最小二乘法模型（PLS）分析高校影响力的四维度因素，研究表明高校的社会声誉和毕业生的影响力对校友捐赠产生了显著的积极影响，而高校的学术影响力和技术转化程度在吸引校友捐赠方面并不明显。章谊（2019）认为我国高等教育资源分配不均，对于普通高校来说资金不足是阻碍高校发展的重要原因。美国高校的校友捐赠率高捐赠金额大，有社会文化的因素也有高校以校长为核心和完善的组织机构的作用。他还从增加对本校的教学和管理、培养学生对母校的归属感、进一步完善捐赠制度和外部环境支持等方面对我国校友捐赠工作提出对策建议。

我国高校校友工作起步较晚，但改革开放以来特别是20世纪90年代以来，取得了很大的进展。与此同时，校友工作的理论研究逐渐兴起和深化。特别是"校友资源"这一概念的提出，掀起学界从校友资源开发利用的视角来研究校友问题的热潮。现有研究还存在一定的不足之处：第一，以往的相关研究中，粗浅的研究较多，深入系统地研究开发与利用校友资源的则比较少；操作层面的经验式探讨比较多，深入进行理论分析研究的比较少；个案研究多，而宏观层面上的研究少。第二，缺乏宏观和具有代表性的微观数据，导致关于校友资源开发和利用的严谨的实证研究鲜见。第三，无论是实践探索还是理论研究，高校校友工作的中心仍然停留在如何提高校友捐赠上，校友资源开发利用的对象主要还是能为高校提供财物、社会关系支持的"杰出校友"。校友对高校的支持意愿，特别是校友的财物捐赠意愿，成了高校校友工作的主要内容，也成了校友资源开发利用的重点和主要目标。然而，没有支持意愿或没掌握可供高校利用资源的校友有没有资源价值？如何在校友缺乏客观支持能力和主观支持意愿的情况下，发挥校友对高校的资源支持作用？这一系列重要问题并没有得到深入的研究分析。第四，目前关于校友资源的研究对象大多集中在经济发达地区的重点高校，而针对地方高校尤其是经济欠发达地区的地方高校，如何开发和利用其校友资源的研究较少。

第二节　校友关系维护的研究进展

国内学者对于校友关系维护的研究主要划分为两类，一类是从理论上对校友关系的维护原理进行研究，另一类是对近年来我国高校既有校友关系维护措施的实践介绍和经验汲取。

在理论分析方面，潘懋元、石慧霞（2020）对大学与校友产生互动关系的根本因素及互动关系的发展阶段进行梳理，认为大学与校友的互动关系可大致分为四个阶段，分别为利用阶段、关心阶段、反馈阶段、研究阶段。而校友的母校认同是大学保持长久和旺盛生命力的重要因素，主要表现在两方面：一方面是内在的精神体验，如情感归属、思想依恋、文化亲近等；另一方面是外在的行为表现，如持续关注、积极评价、踊跃反哺等。李洋、林少雄（2020）认为，在高校与校友的关系中情感关系是最首要的内容。高校与校友之间深厚的情感关系，伴随时间的推移不会变淡，反而会因为校友不断经历更加丰富的生活而逐渐加深。由此可见，高校与校友的关系是双向的，两者之间存在着相互支持的互动关系。徐萍、王素娟（2020）借助社会资本理论，将大学校友关系视为可能的社会资本，从认知维度（价值统一性的构建）、联系维度（实质性联系的构建）和中介维度（多样化联系途径的构建）三方面分析良好的大学校友关系的建构。从社会资本视域来看，大学校友关系可细分为学缘关系、结构性关系、建构性关系，大学校友关系实质上具有公共性、选择性、生长性、生产性、增值性五大特点（罗志敏，2018）。

在实践分析方面，金华新（2019）认为校友文化近年来得到了广泛重视，已经形成了良好的发展形式，但还存在很多不足之处，严重影响校友文化的良好发展与建设。校友文化的良好建设能够产生积极的促进作用，同时为校友文化后续的创新改革与传承等夯实基础。目前在校友文化建设方面还存在很多问题，严重影响其长远发展。首先，工作方式落后。网络信息技术虽然已经普及到各个领域，人们的沟通渠道与交流方式得以拓宽；但是，目前在校友文化工作中，未能合理使用网络信息技术，还在采取面对面、现场工作的形式，很容易导致各方面工作受到严重限制，无法更好地完成相关任务。

其次，未能针对校友文化工作内容与内涵进行整改，还在沿用传统的工作内容与形式，无法更好地创建丰富多彩的校友活动，导致校友参与积极性降低，难以更好地组织开展相关工作。最后，在校友文化工作中，没有制定完善的计划方案，难以通过合理的创新方式与整改方式等推陈出新，无法采用科学有效的方式提升校友文化工作水平。为了加强校友文化的建设，其一，应当建设科学的校友工作机制和健全的校友工作网络，确保母校和校友之间有稳定的沟通平台、规范的合作办法和畅通的信息渠道。其二，继续建立和完善校友工作网络，为有效开发利用校友资源汇聚力量。其三，培育本校学生的爱校意识和校友意识，形成"校友与母校共荣辱"的价值观，如开展丰富多彩的校友交流活动、大力宣传校友中的杰出典型、充分挖掘校史等。李洋、林少雄（2020）认为，行业特色型高校在与校友互动的过程中，必须摒弃功利思想，充分发挥行业特色优势，只有这样才能进一步强化母校与校友的互动关系，并逐步实现开放性办学，通过校友互动听取反馈建议，做出利于学校的长期可持续发展规划。建立起支持创新的物质文化体系，对校史资源进行创新性整合，包括标志性建筑物、场馆等，深入挖掘其育人功能和价值。此外，还可以组织校友共同出资建立科技创新基金，为师生科技创新提供资金扶持和帮助，进一步助推创新型人才培育。同时，应当建立网络互动交流平台，利用微信、微博、QQ等平台，建立官方互动平台，依托互联网技术，实现学校与校友之间实时在线的互动交流，促进突出行业特色的校友文化的繁荣发展。麦克迪蒙（2010）的研究指出，大多数的校友更愿意参与与学生相关的项目。帕特丽夏（2010）的研究结果显示，年轻的校友倾向于与大学里的一些人员继续保持联系，比如学生事务中心的工作人员、教师以及一些在校生，因此，构建良好的大学校友关系所需要的中介并不局限于组织，它也把形形色色的人与事囊括其中。

就我国目前的大学校友关系建设而言，许多高校虽组建了各具特色的校友组织，也举办了各种各样的校友文化活动，但不可否认我国的大学校友关系建设仍处于起步阶段。罗志敏（2017）认为这主要体现在三个方面：关系的临时化、关系的形式化、关系的简单化。我们必须意识到与校友有关的工作并不只属于校友组织或校友活动的主办方，在大学校友关系这个社会网络结构中，每一个行动者都可以是维持已有的或发现新的校友资源的中介。金诚（2020）对美国高校校友工作发展进行了介绍和分析，美国公立或者私立一流大学的"校友-学校"终身发展共同体大多围绕"一个中心，两个基本点"建设，即以校友和学校发展为中心，一方面全员、全过程、全方位打造统一大学品牌，使得学校对校友具有强大的凝聚力；另一方面全员、全过程、全方位创新特色平台和服务，使学校和校友能够共享资源、共同发展。以此为鉴，一方面，大学文化品牌代表着全体在校师生和校友乃至整个社会对大学的信任、喜爱和忠诚，而实践中还很少有特别注重品牌建设的中国高校。另一方面，学校应当注重校友个体和组织企业需求，发掘合作潜力。我国高校可以从世界一流大学的做法中借鉴一些先进的经验，并与我国实际情况相结合，不断探索有中国特色的高校发展新路径，进一步推动学校、校友、社会之间紧密联系、共同发展的趋势形成。杨伟东、胡金平（2020）对维护校友关系的方法——校友会的运作逻辑进行了分析，认为成立校友会的目的除扶助母校之外，最主要的在于联络校友间的情谊，相互扶助以求发展，体现出校友自身的利益诉求。校友会构建了一个以教育精英和社会精英为主体的关系网络，蕴含着丰富的社会资源。对于校友而言，加入这一网络无疑有利于自身的发展，这成为校友会得以建立的社会心理基础。

第三节 优化校友经济参与主体行为的研究进展

我国校友经济概念的提出最早可追溯到1997年。经济学者吕世杰走访了很多学校，开始研究校友经济，认识到学校造就的是人才、是校友。校友一旦步入社会，就开始利用在母校学习的基础知识服务于社会，很多成功人士均以在母校毕业而自豪，母校也因出现杰出校友而骄傲，这种天然的联系使得校友有反哺母校的实际行动，为加快母校建设献计献策。校友之间的联系加深了校友之间天然的关系，互帮互助互学也成为校友之间的重要联系因素。这样，校友经济便自然形成。校友与战友、工友等一样，被视为社会大家庭中一支重要的联系纽带，为社会的进步、团结发挥着不可小觑的作用。为此，吕教授对"校友经济"的概念进行了定义，即以母校和校友为载体，目的是通过校友与母校之间天然的纽带，长期不断循环推动相关经济活动的发展（张静，2018）。

传统校友经济主要体现为校友与校友、校友与学校的互动，校友与母校所在城市间的互动较少，主要包括捐赠学校、抱团经商（蒋李、付陈陈，2018）。而新时代的校友经济相比以往而言，其发展模式有所创新。即顺应新时代发展要求，以新发展理念为引领，以校友与母校及所在城市的情感为纽带，以校友资智回归为着力点，促使"城市＋母校＋校友"形成更加紧密的利益共同体和发展共同体，让校友创富得利、让母校荣光得名、让城市发展复兴，实现三者融合发展、共建共享共赢的经济活动（张静，2018）。

国内有关校友经济参与主体行为的研究文献可划分为三类：其一是通过对校友经济活动重要推动者以及校友经济活动策划成功案例的介绍来汲取实践经验，给出能够推动校友经济良性发展的具体建议；其二是对校友资源的开发利用模式进行分析，如对校友捐赠行为的研究、对校友营商行为的研究；其三是对校友经济对经济发展作用的相关研究。

在有关校友经济成功案例的介绍方面，李晓奇（2018）对近年来我国高校校友经济的相关活动进行了介绍，同时阐述了校友经济对海归人才的吸引功能。2017年，国内大学实施了百万校友资智回归的工程，这项工程被认为开创了城市"校友经济"的新模式，一时间成为风潮。校友经济以学校平台为载体，聚合校友力量搭建社群。校友经济最重要的特点就是学校、校友、社会三位一体的联动效应。学校培养人才，校友以学校为纽带实现自身发展，社会借助校友的力量释放经济活力。而今，国内较多高校纷纷开始利用科技园（留创园、海创园）、学科平台、校友会等载体，利用校友经济，充分挖掘校友在推动海归创业方面的潜力。多种形态的校友经济为海归创业提供了肥沃的土壤，"产业吸引""体系完备"是留住海归人才的两个关键词。"产业吸引"指的是打造垂直化产业渠道，让人才归国后更易融入专业化领域。"体系完备"指的是人才认定体系和资金配套设施的完备，为留住人才提供了坚实的基础，也打通了"毕业、留学、归国"的全流程。

此外，还有大学科技园设立了大学孵化器，及时发布业内相关信息，为海归创业构建开放、多元的互动交流平台，如校友企业家俱乐部。校友们在俱乐部的平台上快速地"匹配"信息、资金和项目，共同创造效益。校友工作是一项事业，需要不断创新，在"以交流促合作，以合作求发展，以发展谋共赢"的发展理念指导下，在校友情感基础上的多方合作，将会有一个更加广阔的发展空间，会有一个更加美好的未来，也一定会实现学校、校友、社会的共赢局面。蒋李、付陈陈（2018）对知名高校校友经济互动进行了介绍，该校校友经济除了传统的捐赠和商业交流外，还以招纳人才为目的，推出了百万校友资智回归工程，礼聘知名校友为招才顾问和招才大使。

在有关校友资源的开发利用方面，韩晓（2016）对开发校友资源的必要性进行了论述，认为高校校友资源经济价值具有增值性、延续性和唯一性。校友对母校的回馈已成为衡量高校发展的重要指标。姚友忠（2020）认为，校友作为学校发展事业的重要力量，因其资源的特殊性及其蕴藏的无形财富而不断受到社会与高校的重视，开发管理校友资源也成为当前高校教育的一个研究热点。校友资源在给高校带来丰富的物质资源的同时，可使高校的公共关系及社会形象得到有效的提升，高校借此可得到丰富而良好的信息和教育资源，因此这项资源对高等教育的可持续发展起着极为重要的作用。冯利、刘永栓（2021）分析了高校内涵式发展的本质，探讨了汲取校友资源、凝聚校友智慧、依托校友实力充分发挥校友资源在高校内涵式发展中的价值的必要性，为高校内涵式发展提供了新的思路和着力点，认为在资源匮乏和竞争压力急剧加大的社会环境下，高效开发和利用校友资源已经成为高校获得有利资源的重要途径，校友资源已经成为促进高校内涵式发展的重要新兴力量。校友资源是集形象资源、育人资源、教学资源、智力资源、产业资源、信息资源、媒体资源和财力资源等优势于一身的软实力资源（顾寅生、宋桂兰，2002），不仅可以影响高校的目标定位、办学理念、人才培养、大学文化，还影响着高校的中长期发展规划、品牌竞争力和社会服务能力等。校友资源的软实力体现了高校长期发展过程中所积聚的内在力量，代表着高校将软实力转化为硬实力的能力指数，这是实现高校内涵式发展的重要资源。陈锦帛（2019）提出校友资源在高校发展中存在诸多作用与价值，可运用校友资源筹措高校办学经费、互通高校内外信息、促进高校思政教育。在新形势下可采用深挖校园经济、多形式多渠道联络校友、助推高校产学研合作、开发海外校友资源等方式充分开发利用高校校友资源。

毕廷延、王广伟（2019）立足地方高校对校友捐赠的研究，通过文献研究、问卷调查和深度访谈，探寻校友捐赠的内生动力，为改进地方高校校友捐赠提供有效对策。他们认为，校友捐赠结果不尽如人意是我国高校的公立性质导致公众对高校捐赠缺乏理解，以及校友捐赠的体制机制不够健全。随着我国高等教育内涵式发展对经费需求的增加，教育经费来源的多元化成为必然，校友捐赠的作用逐渐凸现出来。校友捐赠是校友个人提升自身或企业形象的有效手段，校友捐赠是个人感恩学校的一种方式。影响高校校友捐赠行为的因素很多，包含人口因素（包括性别、年龄、居住地等）、社会经济因素（包括就业状况、职业收入、捐赠的税收减免政策等）、心理因素（包括自我认知、个人的生活方式、信念和价值观），特别是校友的在校经历、学校的教学质量和学校的管理运营情况，对于捐赠有较大的影响。高校未来发展需要从教学质量、校友联系、捐赠机构、捐赠模式等多个方面加强对校友捐赠的引导和管理（侯东军，2016）。校友年龄和个人收入与校友捐赠存在着高度的正相关关系，家庭收入高的校友捐赠可能性大。校友认同感、高校特征、校友特征等因素都对校友捐赠有影响，高校社会声望、高校教育服务质量、高校间的竞争均显著促进校友认同感和校友捐赠行为，校友认同感也显著正向影响校友捐赠行为。冒巍巍、陈方玺（2020）通过对高校地方研究院建设中校友资源开发利用的可行性进行分析，提出校友资源是地方研究院建设可以获取的重要支持来源，并给出了加强校友服务、培育"研究院—校友"发展共同体、强化高校校友组织网络建设和重视"意见领袖校友"作用发挥等策略建议。杨利凯（2020）分析了民办高校开发利用校友资源取得的成绩和校友资源开发与利用中存在的问题，并提出开发利用校友资源、促进就业创业工作的建议，认为校友企业及校友所在企业可返校招聘，直接提供质量高、成功率大的就业岗位，"一届帮一届，一个带一个"，为毕业生的就业创业工作服务。谭宏彦（2020）运用问卷调查法，分析了校友对大学筹款、人才培养、文化传承和服务社会的认知现状，提出了"双一流"建设进程中校友资源开发的策略：要关注校友与母校的互动，建立"校、院、系"三级校友工作体系，运用社会网络原理整合校友资源，落实以人为本的育人用人理念。程苏安、庄芳丽（2020）认为校友资源不仅非常丰富，而且校友参与母校工作的热情高涨，校友具有榜样作用。校友资源是高校非常重要的社会资源，在开展就业指导工作的时候，学校必须考虑到校友资源运用的可行性。

在有关校友经济对经济发展的作用方面，张静（2018）通过梳理前人观点发现，相对于非校友来说，校友本身是一种经济发展的重要主体和生产要素，校友之间的沟通成本更低、效果更好，招商成功概率也更高。和数字经济、绿色经济、共享经济一样，校友经济也是一种新业态，适用于所有行业。因此，也可以说校友经济将会是现代化经济体系的重要组成部分。校友经济模式不仅加速了城市发展，也解决了为谁发展和靠谁发展的问题，在城市的招商引资上技高一筹。校友人才的累积能够给当地城市带来巨大的人才红利，优化人口结构，这是其他任何招商举措都无法带来的利好。校友经济的另一好处是充分利用了综合性大学的学科优势，将国民经济的各个领域一网打尽，涵盖了各种人才与各类产业领域。人是企业发展要素的核心，也是城市发展的核心。万永敏、秦海燕（2020）从创业型大学建设的角度讨论了校友经济对经济发展的作用，认为校友是推动学术创业化和知识资本化的重要载体，是创业型大学走向社会中心，成为区域经济发展动力源的重要力量，是构建区域协同创新体系的重要因子。李尧远、张华岭（2020）以国内知名大学为例，对城市政府发展校友经济的可持续路径进行探索，认为促进校友经济发展应当厘定制度框架，完善政策体系，做好顶层设计，科学统筹规划，评估整体实力，做到精准对接，构建互惠机制，激发高校动力。王溥、胡方园（2020）对城市校友经济模式进行了深度分析，解剖城市利用特殊资源进行创新发展的经验。

第四节　校友"双创"活动的研究进展

关于校友"双创"活动经济行为分析，谢晓青（2010）较早就提出了正确和高效使用校友资源的一系列方案，认为高校改革的重要内容之一就是校友关系和校友资源越来越受到重视，这与高校发展是互相伴随的。因此，正确认识校友资源、认清校友资源的经济学意义和价值，不仅是理论需要也是高校的现实需要。刘志坚、陈大清（2017）通过对国内外校友助力大学生创业教育的近百份案例进行收集总结，提炼出阶段渗透、多元平台构建、精神培育和创业创新中心、创业资源整合、创业师资协同、创业课程渗透等国内外多种规律性模式，提出在模式构建中需把握的重点，为我国高校充分挖掘校友资源，助力大学生创业教育提供理论纲要。王雯岚、许荣（2020）基于 2008—2017 年沪深 A 股上市公司高管教育背景的数据，研究了公司通过高管的校友关系（定义为高校校友联结）获得高校科研的知识溢出效应进而促进公司创新的独特渠道。其对公司年报的文本分析结果也验证了存在高校校友联结的校企之间互动频繁，且从 2015 年以来交往显得更加密切。实证结果表明，高校校友联结能够有效促进高校科研知识向公司创新成果转化的溢出效应，与公司存在校友联结的高校创新资源越丰富，公司创新能力越强。提高团队创新能力、创新投入和效率，与关联高校建立产学研合作联盟是高校校友联结潜在的影响渠道，并且基于校友关系的产学研合作绩效更高。高校校友联结实现的知识溢出效应主要集中在高管专业背景和公司业务范围相关的样本中，而两职合一和高管换届会弱化知识溢出效应。高校校友联结是对知识溢出效应的地理机制的良好补充，当地理联结机制作用有限时，高校校友联结能够发挥重要的跨区域创新带动作用。该研究为理解中国公司创新的知识来源提供了来自高校校友联结的解释，同时也丰富了高校校友联结这一独特社会资本对公司创新行为的影响研究。

第五节　本章小结

本章对校友捐赠、校友资源开发和利用、校友关系维护以及优化校友经济参与主体行为的研究文献进行了综合整理。从校友资源开发利用的角度来看，校友作为学校发展事业的重要力量，因其资源的特殊性及其蕴藏的无形价值不断受到社会与高校的重视，开发管理校友资源也成为当前高校教育的一个研究热点。校友资源能给高校带来丰富的物质资源，其经济价值具有增值性、延续性和唯一性。高校可运用校友资源筹措高校办学经费，互通高校内外信息，促进高校思政教育。在新形势下，高校可采用深挖校园经济、多形式多渠道联络校友、助推高校产学研合作、开发海外校友资源等方式充分利用高校校友资源。

就校友关系维护而言，从社会资本视域来看，大学校友关系可细分为学缘关系、结构性关系、建构性关系；大学校友关系实质上具有公共性、选择性、生长性、生产性、增值性五大特点；大学与校友的互动关系可大致分为四个阶段：利用阶段、关心阶段、反馈阶段、研究阶段。高校与校友之间的关系是双向的，两者之间存在着相互支持的互动关系，其中情感关系是最首要的内容。在实践方面，校友关系的维护活动可以通过建立网络交流平台、校友会等方法进行维护。

就优化校友经济参与主体行为而言，我国高校可以借鉴发达国家知名大学的校友经济模式，打造具有中国特色的大学品牌以增强校友认同感，建立校友俱乐部等交流平台来提供便利的信息，成立科技园，通过产业吸引、体系完备的特点增强对校友的吸引力，为校友创业构建开放、多元的互动交流平台。在以交流促合作，以合作求发展，以发展谋共赢发展理念的指导下，加强以校友情感为基础的多方合作，发挥学校、校友、社会三位一体的联动效应，打造更加广阔的发展空间，实现学校、校友、社会的共赢局面。

　　值得注意的是，上述文献未涉及的研究领域包括：第一，未从社会网络、动态合作博弈、新制度经济学的理论角度对校友经济活动进行深入的理论阐释；第二，校友经济研究在国内实质上已经开展了多年，但缺乏对校友经济现象分析的理论模型和校友经济影响因素的实证分析；第三，现有文献未涉及促进校友经济发展所需的具体的政策支持和资源调配方式。这些不足为本书的研究提供了空间。

第四章 国外校友经济发展状况

第一节 美国校友捐赠发展研究

一、校友捐赠发展概述

美国的校友捐赠以图书馆捐赠最为典型,第一起校友捐赠事宜可追溯至1750年,北美殖民地时期的一所高校在当年一次性地接受了州政府大量的图书捐赠,涵盖了当时世界上科学、艺术、文学、哲学、宗教、医学等各个学科领域最新的知识成果,充盈了高校图书馆,在当时的北美殖民地引起轰动。美国一向将校友捐赠活动作为非营利性质的活动,或者是慈善活动,但这并不干扰为数众多的知名企业将其当作提高企业知名度和社会正面形象的契机和工具。美国拥有全世界最为悠久的企业与母校共同合作的传统,企业为母校进行非定期的巨额捐赠成为合作的一条基本惯例。各界知名人士都是各自母校的捐赠常客,他们中的部分人将校友捐赠经济作为企业日常运营的一个重要部分,而不是作为企业的额外业务。靠着这些企业家同时也是慈善家的慷慨捐赠,美国的校友捐赠经济规模一直领先于世界其他国家,这与美国历史悠久的独特大学文化是交织在一起的。美国国内高等院校的校友捐赠活动中,主捐赠方所采取的形式除了使用现金之外,亦广泛地采用股票、债券、期货、支票、知识产权、供应链票据、银行票据等金融工具。严格来说,也正是由于捐赠形式的多样化,美国的校友捐赠经济规模较难统计。就全美的高校普遍来看,实际接受捐赠的数额可能远高于美国教育资助委员会正式公布的数字。同时,美国在校友捐赠经济理论和实践的研究领域开展了丰富的工作,出版了上百部学术专著,让美国的校友捐赠经济的发展处于世界前列。

对美国来说,很多校友对于母校的捐赠实际上是出于对母校的感情,是一种无私的行为。校友的捐资捐赠活动之所以在美国成为一种固定的文化,也是跟情感因素相关的(高欣,2013)。美国校友对母校捐资捐赠行为的特点包括传承性、持续性和扩散性。首先,传承性反映出这些高校毕业的各届学子对母校的归属感和各个母校精神的感召性。美国每个高校有着独特的文化体系,在常春藤名校中更为常见,对于曾经就读于高校的学子们来说,母校文化就是他们能够互相合作与互助的情感纽带。校友捐赠活动的传承性是与母校文化联系在一起的。不同人士之所以在毕业很多年之后还能够积极参与母校的捐资捐赠工作，就是因为他们抱着一种感恩的心态在做这件事，而感恩背后的深层次原因则是母校的相对固化和差异性的文化。其次是可持续性，美国的很多高校出现的校友捐赠活动往往带有持续性，随着时间的推移，这些捐赠活动非但没有减弱，还在逐年加强。校友之间的个人情感会因不断受到母校文化的烘托而表现出深化的趋势。可见，我国校友捐赠经济也可以基于情感纽带，不断提高母校的文化建设。再次，扩散性是指母校紧紧依靠本校校友的战略资源，进行扩散式的关系网拓展和延伸，通过校友认识和接触与他密切相关联的各类社会人士，将其变成母校的宝贵资源。

单福利（2019）研究发现，美国的校友捐赠体系管理经历了从大学筹款委员会，到今天的校友捐赠管委会或者委员会对接校友会进行规模化的捐赠管理运作的演化过程。这一演化过程实际上从17世纪的北美殖民地时期就已经开始。从17世纪殖民地时期，美国所有的大学校长都兼任大学筹款委员会的职责，大部分高校校长都会将日常工作的主要精力放在如何筹款上，到现在的主管校友捐赠事务的机构部门的运作体制化和细致的分工形式，美国捐赠体系管理的模式经过了漫长的更新才取得了今天的成绩。19世纪中叶之前的美国国力较弱，且国家处于较原始的工业化早期，农奴制还大量存在，生产力总体不强，尤其是在独立之前还受到大英帝国的殖民统治，高校捐赠活动零星琐碎。19世纪初，美国全国只有九所高等院校，他们后期分别成长为当代常春藤联盟的前身，但当时它们所接受的校友捐赠数量和频次都微乎其微，且主要靠自筹和十分有限的私人企业和机构经费的资助。

但是19世纪中叶之后，美国的高校校友捐赠事务开始大步迈进。南北战争结束不久，美国的高校数量开始急剧攀升，1870年已经上升到了187所，其中70%左右为私立大学，且私立大学自筹经费的财务处理占据主导，无法依赖于政府财政的专项拨款和社会财富的再分配，为私立学校的发展既造成阻碍也带来契机，私立院校开始变得跟私营企业那样，为了生存和发展而去解决资金困难问题，顺利生存下来的私立院校大多成为世界知名学府。

1890年以来，美国校友捐赠业务经历了发展历史上的发展壮大期，一直持续到了20世纪60年代。1890年以来的最显著标志就是美国大学中的校友捐赠开始走向合作化和组织化的形式。美国各大高校开始建立本校的校友捐赠事务处或者管理机构，将校友捐赠的业务优化放在学校发展的主要位置，另外地理位置接近，级别、规模及专业类别差异不太大的高校之间，还构建了联合校友捐赠事务协会。1925年以后，美国高校的联合校友捐赠协会进一步扩大到全美，形成了较为统一的高校捐赠理事会，由不同的高校校长兼任理事会理事职位。美国的校友捐赠资金开始成为很多高校，尤其是私立院校长期发展的主要财务来源。由此，校友捐赠业务逐渐成为一项美国经济的显学。

1960年至今是美国高校校友捐赠业务全面成熟和完善的阶段，其标志是美国各地的高校校友基金会纷纷建立。高校校友基金会是专门运作高校校友捐赠资金的正式机构，一般是在校方领导层的主持下，按照公司制的形式来运作。高校校友基金会也因此有着和企业内部结构相同的分工体系、公司制度和章程、治理架构等。起初，高校校友基金会的工作主要是依靠校方的力量进行广泛的社会募资集资，主要募集对象是校友。需要注意的是，美国的校友捐赠是美国社会主流文化的组成部分，公开募集校友捐赠资金是各州的法律都鼓励的事情，尤其是私立院校中校友捐赠基金每年都向学校提供40%左右的办学资金，大都投向了学校的基础设施建设、教师的工资、教师的培训、学生的实习实训、高校创新创业基金、高校科研项目的补贴、高校的风险准备金等方面。这些方面的资金对于学校的长远发展有着重要意义。高校利用这些资金进行教学和科研工作的深入推进，提高高校的社会知名度，从而有利于推动高校的校友捐赠事务发展，促进高校综合实力的提升，形成了一个良性循环。

美国高校校友捐赠基金会的治理架构如图4-1。

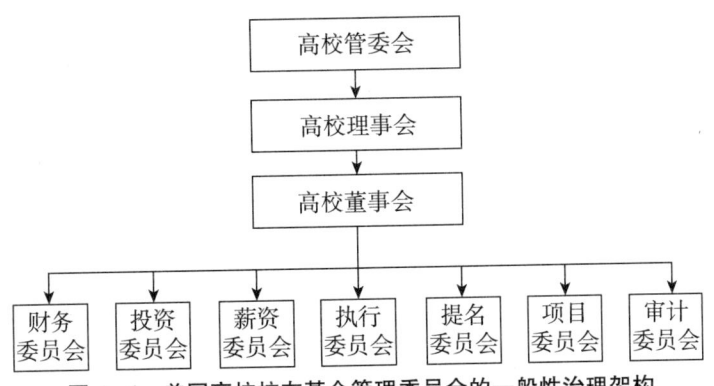

图4-1 美国高校校友基金管理委员会的一般性治理架构

如图4-1所示，高校管委会负责整个校方的校友捐资捐赠事务的统筹和监管工作。高校管理委员会下设的管理机构是理事会，是对校友捐赠事务进行业务运作管理和维护的机构，同时也负责制定校友捐赠的章程。管委会下属的机构是高校董事会，由校方全体成员选举产生，主要负责某一阶段或者某一方面的校友捐赠事务，不负责对全局进行监控。高校基金会的董事会是受命于高校理事会的最高级别执行机构，高校理事会往往会通过一些手段对董事会的行为进行激励。董事会成员不定期进行更换，这保证了董事会在处理校友捐赠事务上长期保持着一定的专业性。董事会下属的是各个部门的执行单位，主要包含财务、投资事务、薪资管理和发放事务、基金管委会和负责捐赠的校友的提名、项目管理和账目审计等具体的工作。目前来看，美国各大高校的校友基金委员会的管理架构有扁平化、去垂直化发展的趋势，表现为上述所有的具体执行部门主要管理者都身兼了校方领导层的核心成员，这些结构化的改革有力地保障了高校校友捐赠事务的部门间协调能力、工作的高效性，也更突出了校友基金会向现代企业化转化的趋势特点。

以美国某知名大学为例，获得校友捐赠事务管理委员会资格的成员必须严格符合甄选标准，大多是直接由校长或其他知名的兄弟院校的校长兼任委员会主任。校友捐赠行为程序一般依照如下步骤来部署：第一，通过校友录和所有可了解到的社会渠道确定捐赠校友的身份。之后，由校友捐赠委员会责成不同的学校管理者与该校友进行沟通。第二，收集上述校友的个人信息资料，整理并上交给校友捐赠委员会进行进一步的甄别、处理、保存。第三，内部协商合作的方式与应对策略。第四，与校友进行二次沟通，了解更多的信息细节。第五，学校领导亲自出面与捐赠者进行接洽，商讨捐赠项目，引导捐赠资金的最大化使用。第六，通过充分的沟通，签订正式的捐赠意向协议。第七，捐赠资金的日常管理。

二、校友捐赠环境

美国高校的校友捐赠活动近年来呈现出井喷式的发展，这与政府、社会各界、校友圈、高校自身之间相互协调、相互鼓励、共同建设的良好环境是分不开的。关于美国的校友捐赠环境，可以分为以下几点来阐述：

第一，美国高校的管理者主动通过各自所掌握的渠道来吸纳校友捐赠资金，并在各个高校的主要章程中将这一点作为高校负责引资的管理者的重要业绩考核指标。美国大学校长成为引入校友捐资捐赠的主力军。美国高校校长，尤其是常春藤名校校长，往往具有渊博的学识和高尚的道德情操，他们能够与校友进行良性互动，是共同推进校友捐赠经济发展的关键要素。

第二，美国许多高校有关校友捐赠业务管理的分工较为细致，这构成了美国高校校友捐赠业务较优质的内部环境。在经费使用方面，美国高校制定了一套较为科学和严谨的会计准则，业务过程包含登记、造册、账户变动、审核、资金估值、税务、监控、日常运营等业务环节的处理、操作和管理，处处体现着细致入微的管理素质。鉴于校友捐赠相关的业务在美国大学中的普遍性，美国顶尖的大学管理者对于运作校友捐赠业务的人才也有专项考核，考核的难度依照从校友捐赠业务管理执行职权大小来设定。校友捐赠业务比较繁杂，专业程度不断提高，美国也开始出现针对校友捐赠事务的证书。例如对于专门负责跟校友捐赠相关联的会计核算和资产评估等事务的工作有相应的专业证书，拿到证书者可以被聘为一所或者多所高校在校友捐赠业务领域的专家。一般来说，对校友捐赠进行专业化运维也包含了对校友捐赠资金的市场化和证券化处理，如保值增值业务。因此，对于校友捐赠业务人员的考核近年来愈加严格与专业化，不仅涉及传统的校友捐赠业务整理方式方法、业务优化，更涉及在信息化条件下的校友捐赠业务的运作管理方式，另外还会涉及相关的金融、证券、法律方面的综合知识和能力测试。甚至在一些高校，专业从事校友捐资捐赠业务的人员本身就是在金融、投行等行业深耕多年的技术员工或管理者。

第三，美国的校友捐赠活动政策环境和法律环境经过多年的发展和修缮，具有一定的完整性、成熟性与针对性。美国从事校友捐赠业务的企业可以享有很大程度上的各类政府税收减免，并且能够视情况给予相应的财政补贴，但是这些被减免的费用或者接受补贴的费用不能挪作他用，如果一旦发现有上述或者类似情况，那么不仅要收回相应的减免或者补贴金额，还要额外承担巨额的罚款，并取消来年可能会享有的许多优惠政策。

美国校友捐赠业务的政策和法规具备以下特点：首先是税收减免政策。一旦符合规定，美国的校友捐赠事务既可以享受1917年所制定的关于向公益机构进行捐赠的税收减免的政策法规，也可以享受政府专门针对教育机构捐赠的实体税收减免政策。按照美国法律，对于捐赠行为和捐赠资格的审查需要公正透明、符合要求。无论是法人主体还是个人主体都可以享受不同层面的营业税、增值税或者个税的减免。其次是可以享受政府提供的捐赠配套资金，针对不同的捐赠金额，其政府提供的捐赠配套资金的比例有所区别。

美国的校友捐赠活动大多带有战略目的，这一目的往往是双向的。对于母校来说，设置和运营教育基金会与校友捐赠内部管理机构有其战略目的，那就是可以长期接受来自校友的捐赠，并且通过此类活动争取到更广阔更复杂的校友关系网，从而提升学校的知名度和社会影响力。对于全美大部分的私立院校来说，这种目的性可能会更为强烈。对于校友本身来说，通过此类活动也能够体现他们的社会责任感。众所周知，在财务透明的前提下，每一分校友捐赠资金的使用都是投向了母校的长期发展事业，用于了母校的教育和科研，尽管教育和科研不是在短期之内就能够看到显著效益的工作范畴，然而这是一个在长期内会有确定性收益的工作。正是如此，对于母校的捐赠能够体现校友，尤其是社会知名人士校友的社会服务意识，因此对母校的捐赠也成了他们长期耕耘和日常维护工作的一部分。

第二节　英国校友经济发展模式

校友慈善捐赠是英国校友经济发展的主要模式。在英国高校发展过程中，慈善捐赠对于促进英国高等教育的发展起着极其重要的作用，并成了英国传统文化之一。在英国传统文化中，高等教育是一项社会公益事业，许多英国人认为促进高等教育发展，有益于维护社会稳定、经济进步和文化繁荣等各类现实价值，所以倾向于通过多种形式和各类途径对高校进行捐赠。校友已经成为英国高校慈善捐赠的重要组成部分，高校校友向母校进行捐赠已然形成英国校友经济的发展模式，同时也成了一种文化传统。

英国高校慈善捐赠中的大多数来自校友，这与英国高校在这方面的努力分不开。个人捐赠、企业捐赠和基金会捐赠是英国校友慈善捐赠的三大社会主体。为获得更多的慈善捐赠资金、科学利用所获资金来促进高校持续发展，英国高校在探索校友经济体系的过程中，形成了校友经济文化，特别是在捐赠文化、筹资队伍以及慈善基金管理模式等方面取得了一系列成就。

一、重视校友关系，培养捐赠文化

英国高校校友资源十分丰富，这是与英国高等教育的起步时间分不开的。英国高校慈善捐赠的主要来源是校友，这种方式已经成为英国的一种传统文化，并且十分注重这种捐赠文化在英国高校中的传承与发扬。以英国最顶尖的老牌名校谢菲尔德大学为例，谢菲尔德大学可以说是捐赠文化的产物，在该校建立初期的1905年，居民为促进区域教育事业的发展，一共捐赠了5万英镑的善款，这对谢菲尔德大学的发展十分重要。在谢菲尔德大学建校之初，慈善捐赠文化由于无法给学校职员和学生带来直观的利益感受，导致长期以来的慈善捐赠文化遭到忽略。直到2002年，该校再次意识到捐赠文化对于学校长远发展的重要意义，随即成立校友关系发展办公室。该机构旨在加强校友联络，形成系统的慈善捐赠文化体系，为学校发展筹集更多的资金。他们通过设立捐赠光荣榜和设计捐赠奖章，以展示来自不同地区、阶层、领域的捐赠者及其贡献，当中既包括刚毕业的学生，也有第二次世界大战之前的校友，由此宣扬慈善捐赠文化，以激励校友和在校职员一道为学校发展提供物质支撑。除此之外，谢菲尔德大学在其官方网站的主页设有专门的"校友"栏，当中包含校友会、校友杂志和校友基金及会等栏目。"线上+线下"的校友联络模式激发了谢菲尔德大学校友对于母校强烈的归属感，通过这些激励措施，校友无论身在何方都能够感受到母校与他们的密切关联。至此，谢菲尔德大学的学生、校友、教职工甚至游客都能深深地感受到自己将是延续这一传统的一部分，慈善捐赠对他们来说是一种使命和责任。

二、培养专业化筹资队伍

对于任何一个高校的发展来说，即便是总量有限的慈善捐赠也是一种强有力的推动因素，所以有经验的筹资者也成了高校之间相互争夺的资源。慈善捐赠筹资这一职业的工资急剧增长、职业生涯的迅速发展等在一定程度上促进了慈善捐赠筹资工作者队伍的发展。但同时，高校之间对慈善捐赠人才的激烈竞争也给想要成为这支队伍一员的应聘者造成了很大的困扰和焦虑。这进一步阻碍了高校慈善捐赠筹资队伍的发展壮大。因此，高校招聘和组建一支高水平高质量的筹资工作和队伍存在很大难度。但基于对专业的慈善捐赠筹资人才极大的需求，慈善捐赠的筹资成为一种新兴职业，英国高校也逐渐开展了相关的教育和培训工作以满足其对慈善捐赠筹资人才的需求。有些高校开始开展关于慈善捐赠的课程，内容涉及慈善捐赠的历史、哲学、道德等方面，但此类教育和培训主要分散于社会科学、艺术学、人文学等学科。针对慈善捐赠筹资工作者的数量不足的问题，英国高校还通过在筹资人才的招聘与选拔，在职员工的教育、培训和发展，领导者的专业发展三方面加强对慈善捐赠筹资工作者的指导，以期加速其人才队伍建设。如在人才的招聘与选拔阶段，高校基于学生的技能、知识和能力采取灵活和开放的招聘方法，如首先设计一个有吸引力的职业规划，通过与在校学生交谈，鼓励他们把高等教育中慈善筹资工作作为一种事业选择，并充分利用社会媒体和社交网络等方式定期向从业者强调筹资职业的发展机会。英国高校还积极拓展毕业生的实习项目，通过讲解和分析关于教育筹资的案例对学生进行培训，并利用招聘指南帮助学生找到适合自己的位置；在在职员工的教育和培训方面，主要通过课程培训及增加其实践经验提升其专业化水平；在领导者的专业发展方面，主要通过聘请有相关经验和抱负的领导人，利用他们的专业知识和技能为高校的长远发展谋取利益，并且通过参与高校内部设立的管理层课程计划、领导者发展项目等方式提高领导者的行政管理和指导能力。

三、规范的资金管理

英国的高等教育名列世界前茅，其高等教育的管理模式和管理方法，成为多国效仿的典范。以教育中介机构为拨款机构的财政拨款模式为例，英国高校的拨款模式之所以能够取得社会的认可和得到有效的贯彻，主要是基于英国高校长期以来自制的传统，能够促进英国高校教育资源的高效利用。在英国，高等教育基金委员会作为一种中介组织，不仅负责英国高校的教学和科研，并且也参与了英国高校相关的活动资金分配和健全一系列资源和资金的使用流程，保证了各类资源在英国高校得以有效利用。

除了国家层面的高等教育基金会，高校内部也需要成立专门的基金会或者基金会运作与管理公司，对学校的慈善捐赠收入进行有效的管理和运作。高校基金会是高校接受慈善捐赠的载体，由高校依法成立，通过筹集资金及对资金进行再分配和有效运作实现资金的保值增值，以此服务于高校的教学科研、设施建设及长远发展。以英国的牛津大学为例，牛津大学的捐赠基金就是由牛津大学的全资子公司牛津大学捐赠基金管理公司（Oxford university Endowment Management，OEF）管理。该公司正式通过英国金融管理局授权，是牛津大学的官方投资机构，基于长期、多样、灵活、提供回报的投资理念对牛津大学捐赠基金和牛津大学资本基金进行投资和管理。牛津大学捐赠基金是对学校永久捐赠资金进行投资的投资机构。其构建的主要目的在于保持和提高永久资本的价值，同时以每年5%的比例扩大投资者投资的资本，以便每年都能分出稳定的收益来满足投资者在校内各种长期的慈善活动。牛津大学捐赠基金管理公司的资产性质决定了它可以承受较高水平的市场波动，所以其资产基本上投资于长期产品，如果捐赠者想向牛津大学捐赠基金进行捐款，他们需要承诺该笔款项在牛津大学捐赠基金管理公司内至少能够停留五年。牛津大学捐赠基金管理公司为投资者提供了中期的投资策略与专业化管理。管理公司根据投资者在一段固定时间内在固定捐赠项目上花费的固定金额来制定投资策略，主要投资于三个领域：股票、长期债券及短期债券。投资原则是保证投资者从其资产中获得一些收益，使投资者在其所有投资回报均用于学校捐赠基金的再投资后，可以分季度性取回本金。投资的过程为投资委员会首先结合市场调查数据制定好投资策略，公司则结合投资策略，成立基金管理负责人的投资组合。公司的管理团队主要职责在于对资产的调查，通过定性与定量的视角来考察资产性质，如对组织深度和利益一致性的评估。对资产的风险管理存在于投资的整个环节中，无论是初期的调查，还是中期的资产选择与投资组合监控，管理公司对资产的风险管理始终存在。牛津大学捐赠基金管理公司使得捐赠基金在使用和投资方面实现最优化，通过专业化和多样化的管理方式实现了捐赠资金的科学利用。此外，正确的管理模式也使得捐赠资金的收益累计增值幅度比证券市场更为稳定。

第三节　本章小结

本章主要总结分析了美国和英国的校友经济建设相关的制度架构与实践经验。美国高校通过校友捐赠、校友聚会论坛、校友互助等形式开展基本的校友经济活动，具有比较悠久的历史传统。美国传统上一直将校友捐赠作为公益性质的活动，校友捐赠基金一般用于学校基础设施建设（主要是办公设施和图书馆藏资源）和学校日常工作的维护。近年来，在一系列新科技的推动下，网络社群逐步形成，使得社会节点间日常交易的频

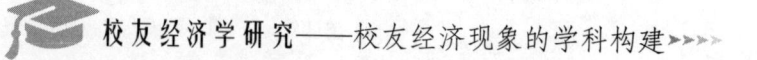

次大为增加，社会网络结构日趋复杂，校友经济活动也随之变得更为紧密。目前，校友基金管理难度不断增大，使得原校友基金管理的传统架构不再能够适应新的形势，必须做出相应改变。即使是传统校友经济较为发达的国家例如美国和英国，也都面临着新的问题，需要对校友经济进行重新定义，这也使得具有时代色彩的校友经济学有了更为迫切的存在意义。

第五章 校友经济的基本理论模型与实证研究

第一节 基本理论模型

为有效弥补市场组织存在的低效率问题，企业集团应运而生。相对于市场组织来说，企业集团更有助于物品的交易和信息的交换。然而，由于企业信用风险极易在集团内部间进行传导，因而相较于市场组织而言，企业集团内部风险更具联动性。鉴于此，本章首先基于动态演化模型演绎分析校友关联企业的信贷行为特征，而凝聚子群理论是本章数理模型构建的基础。

凝聚子群理论是社会网络学中反映结构和角色位置属性问题的核心理论。凝聚子群理论基础之一是图论中的"割点"和"桥"的概念。凝聚子群主要研究社会网络中各个角色在某一个小社群中的动态地位和动态关系强弱的演化过程。由于校友关系涉及个人、母校、企业甚至政府，关系错综复杂，分层不明显，因此其网络结构极具复杂性。关于某一类节点（例如非知名校友）的凝聚子群分析可作为对此复杂网络的近似和简化图结构。

凝聚子群的综合能力取决于个体的吸收能力和节点间的协调能力。个体节点的吸收能力强可能会被协调能力稀释，而如果个体节点的吸收能力较弱，通过强大节点间的协调能力，也有可能会强化凝聚子群的综合能力。这有可能是一些非知名校友意欲借助校友关系网来实现更大利益的经济解释。本小节就是在这一认知基础上进行社会网络学方面的经济数学建模，以剖析校友经济网络微观的系统功能。

校友经济对于企业来说是一种新型的供应链整合方式，这一节借鉴洪江涛和黄沛（2016）的分析方法，进一步从微观博弈的视角来探求校友经济对于企业运营绩效和宏观层面社会经济的绩效改善问题。与校友经济相关的校友、企业和政府间的多方合作已经被证实是一个有效的、可持续性发展的新型网络式经济框架。校友经济形成的这一网络既讲究内部协同和耦合，也讲究外部协调。理论模型将证明在不同的业务场景之中，具有网状的校友经济诸如单纯的产学研协同组织、母校基金会等传统社会关系的整合渠道更具有效率。假设模型中涉及的两个主节点部门分别是母校 u、企业家校友群 E，企业家校友群是完全理性的，而企业家校友群中的企业家个体 e 是有限理性的。校友经济涉及的各个复杂的相关次要节点跟主节点之间形成了一个复杂的社会网络，可以尝试应用复杂网络的动力演化博弈的分析范式，寻找处于不同条件下这个网络效益最优的动态路径。上述次要节点主要包含了客户 c、银行及其他金融机构 b、在校学生 s、社会人

士 p 等,他们遵照不同的利益诉求来安排各自的行为方式。

接下来,本章将分析上述各个节点在执行不同的经济活动时的利益和成本控制成效,同时与传统社会经济关系下的利益和成本控制进行比较。

第一个模型是关于利用校友关系进行企业融资信贷业务优化的模型。这里作出如下假设:

(1) 所有主节点都是理性的,而其他节点是有限理性的,但是政府 G 的行为是理性的。

(2) 所有节点参与校友经济合作圈的行动都是需要付出相应成本的。

(3) 在校友经济的参与者当中,不管是主节点还是次要节点,对于涉及企业融资信贷场景的业务环节都有参与或不参与的策略选择;政府对于涉及企业融资信贷场景的业务环节也存在配合或不配合的策略选择;需要注意的是,任何参与节点所做出的行为都是建立在理性选择基础之上的。

(4) 各方参与者中,不管是主节点还是次要节点,都是为了一定的自身利益。由于网络各个节点的利益交织在一起,因而存在各方博弈的情形。

(5) 各方在过于注重自我利益的前提下,如果做出错误决策或者违规决策,且一旦这些决策行为给其他节点或者整个网络造成了实际损失,那么系统将给予这些节点一定的惩罚。在这里,假设政府做出错误决策的概率接近于 0。

(6) 企业借贷的对象是银行或者其他金融机构,通常情况下企业往往需要抵押一定的有价资产、有价票据或者企业信誉从事借贷活动。在这里由于加入校友经济网络,校友之间的关系往往可以充当一部分企业的抵押物,且在政府支持的前提之下,可以在一定程度上为依附校友关系进行抵押的业务凭证进行信用担保。

(7) 每个节点在选择策略时往往都需要进行多轮的博弈。

(8) 在企业借贷场景当中,企业节点是核心节点,而其他的主节点和次要节点(从节点)都是围绕企业决策进行自身行为博弈,因此他们所做的决策主要依赖于企业自身的选择方式。对于校友关系网,企业根据自身实际需要来决定是否有必要加入;倘若不能从校友关系网中获得更多的收益,或者承担更小的损失,抑或企业家校友联盟 E 不能提供更多的服务,那么企业便不会利用校友关系网络去办理事情,在这样的情况下,维持校友关系的系统可能就会因为低效率而面临不被信任甚至被迫解散的结果。这是企业家校友联盟 E 所不愿意看到的。因此,企业家校友联盟 E 会极力改善校友关系系统,提高其运作效率,从而提供更为优质的服务,这在非校友经济网络中是无法办到的。

基本模型:我们假设企业家校友联盟 E 总是为成员提供围绕校友经济的资讯服务,比如说"穿针引线"、拓展人脉、安排聚餐、撮合谈判等;政府则为这些活动提供政策上的便利性,但是政府同时也从这些活动中得到了一定的好处,就是按照既定的税率 t 会收到相应的税费。当然由于成本的存在,政府也可以选择部分支持或者不支持,因此政府 g 的收益要么是 $R_{g,t}$,要么是 $\eta R_{g,t}$。其中 $\eta > 0$;$R_{g,t}$ 表示政府从 0 时刻到 t 时刻选择支持校友经济活动所获得的收益;$\eta R_{g,t}$ 表示政府选择不提供校友经济政策支持时所得到的收益,它是一个可大可小的数。进一步的,用 R_u 表示母校的初始收益,用 R_e 表示受校友经济影响的单个企业的收益,用 R_E 表示企业家校友群的整体收益。为简便起见，不妨令 E 由 n 个不同的但是规模相当的企业组成，这些企业都跟同一所母校存在关联，其中母校 u 的校友至少在每一家企业的高层都担任一名高管。如果单个企业在加入校友经济联盟之后的未来收益是 $R_{e,t}$，且所有的企业都加入了校友经济联盟，那么加入校友经济联盟的企业的总体收益可以表示为：

$$\sum_{i=1}^{n} R_{e,t,i} = R_{e,t,1} + R_{e,t,2} + \cdots + R_{e,t,n} \tag{5.1}$$

其中，i 表示第 i 家加入校友经济联盟的企业，R 为未来收益。注意，我们并没有规定说每个 $R_{e,t,i}$ 都一定是正数。这里读者可能会问，校友经济联盟到底能够为企业解决哪些方面的问题呢？这就是本模型所要回答的问题。进一步，将未加入校友经济联盟的企业能够获得的银行借贷规模记为 $L_{e,0}$，将加入校友经济联盟的企业能够获得的银行信贷规模记为 $L'_{e,0}$，将单个企业未参加校友经济联盟的可能性损失记为 $w_{e,0}$；在 t 时刻以后，如果参加了校友经济联盟则其损失为 $w'_{e,t}$，如果未参加校友经济联盟则其损失为 $w_{e,t}$。

然后是银行 b 的行为策略集假设。银行对企业实施放款会因为银行等金融机构跟企业是否同时加入了校友经济联盟（网络）而呈现出明显的区别。按照企业和银行是否加入校友经济联盟可以分为以下四种情形：

情形一，如果企业没有加入校友经济联盟，银行也没有加入，银行的收益是 $R_{b(a)}$；
情形二，如果企业没有加入校友经济联盟，而银行加入了，银行的收益是 $R_{b(b)}$；
情形三，如果企业加入了校友经济联盟，而银行没有加入，银行的收益是 $R_{b(c)}$；
情形四，如果企业加入了校友经济联盟，银行也加入了，银行的收益是 $R_{b(d)}$。

当然，每种收益和损失都存在一定的概率。我们将 $R_{b(a)}$ 发生的概率设定为 $p_{b(a)}$，那么 $R_{b(b)}$ 发生的概率就是 $1-p_{b(a)}$；同样的，如果将 $R_{b(c)}$ 发生的概率设定为 $p_{b(c)}$，那么 $R_{b(d)}$ 发生的概率就是 $1-p_{b(c)}$。银行获得的收益自然是来自企业收益的一部分，我们将这一比例设定为 α。如果企业的收益是负数，那么银行也会承担相应的损失。这里又分为政府是否为银行兜底，我们在本模型中设定政府为了鼓励企业加入校友经济联盟，规定只有在银行为实质性地加入校友经济联盟中的企业进行放款的情形下出现的亏损，政府才会为银行进行兜底；而若银行为没有加入校友经济联盟中的企业进行放款，如果出现了亏损，则政府是不负责兜底的。因此，政府的兜底行为只针对上面的情形三和情形四。

最后是母校 u 的行为策略集假设。母校 u 是该网络中进行撮合的一方，它的成本主要来自在校期间对于学生的培养和校友关系运营。在这里前者忽略不计，仅考虑校友关系运营成本，用 c_u 表示。

假设所有的节点都按照自己的意愿进行策略选择。下面将涉及校友关系网络的企业借贷场景符号进行归纳，结果如表 5-1 所示：

表 5-1 企业借贷场景各个节点行为和成本-收益的数学符号一览表

符号	意义	符号	意义
t	政府向企业和银行征收的税率	$\sum R_{e,t,i}$	加入校友经济联盟的所有企业的总收益

续表

符号	意义	符号	意义
η	政府收益对于单个企业加入校友经济联盟的反应系数	$p_{b(c)}$	单个的企业 i 没有加入校友经济联盟，银行也没有加入的概率
$R_{g,t}$	一般情况下政府在 t 时刻的收益	$p_{b(a)}$	单个的企业 i 加入了校友经济联盟，而银行没有加入的概率
L	银行和单个企业不全加入校友经济联盟的企业能够获得的银行借贷规模	$R_{e,0,i}$	单个企业未加入校友经济联盟的收益
L'	银行和企业全都加入校友经济联盟的企业能够获得的银行信贷规模	$R_{e,t,i}$	单个企业加入了校友经济联盟的收益
$R_{b(a)}$	企业没有加入校友经济联盟，银行也没有加入，银行的收益	α	企业获得的收益中属于银行的那部分所占比重
$R_{b(b)}$	企业没有加入校友经济联盟，银行加入了，银行的收益	$w_{e,t}$	单个企业未参加校友经济联盟后在 t 时刻结尾处的损失（取正数）
$R_{b(c)}$	企业加入了校友经济联盟，银行没有加入，银行的收益	$w'_{e,t}$	单个企业参加了校友经济联盟后在 t 时刻结尾处的损失（取正数）
$R_{b(d)}$	企业加入了校友经济联盟（网络），而银行也加入了，银行的收益	c_e	单个企业的经济成本
ζ	企业收益对于社会关系复杂程度的反应系数（弹性）	$c_{E,i}$	单个企业加入校友经济联盟的成本
R_u	母校的收益	c_u	母校校友关系运维的成本
r	0 时刻到 t 时刻的实际利率	ρ_{CE}	校友经济联盟对于成员的管理成本弹性（几乎跟成员数量和网络的复杂程度成正比）
c_g	政府帮助撮合校友经济联盟所花费的成本		

在多层网络中，观察主体的网络地位通常是预测和判断他们在这一社会网络中行为的重要参考指标，但是校友经济网络中的节点地位是平等的，不受当前或者未来企业校友本人所处社会地位的影响，因此校友经济网络平台是一个可以对等获取校友资源的平台。我们试图用数理模型的方式来演绎这一理想的网络在创造社会财富的过程中是否比起传统网络明显具有优越性。首先，作为校友经济联盟的最直接当事方，单个企业会在有限理性的前提下，跟银行、母校、政府多方之间进行反复的动态博弈。据此，我们在这里分别讨论下面几种情形：

这里分为政府介入校友经济运作和不介入校友经济运作两种情形讨论。政府介入表示政府的收益跟每个企业的经济收益挂钩，政府会为了自身利益，要求企业对是否加入校友经济联盟进行理性判断。政府不介入则表示其自身利益与企业利益几乎无关，政府不对企业是否加入校友经济联盟有所要求。首先来看政府介入校友经济动作的情形。假设银行跟企业之间的博弈需要判定该企业是否加入了校友经济联盟，我们可以建立在企业信贷业务优化场景下校友经济各个参与方的演化博弈，见表 5-2。下面两个表当中的"参与"与"不参与"的含义均为当事方是否参与到校友经济联盟。

表5-2　政府介入校友经济运作的多方演化博弈支付矩阵

		校友经济联盟	
		接纳	不接纳
单个企业 i	参与	单个企业损益：$\zeta(1-\alpha)\times(R_{e,t,i}-c_e)-w'_{e,t}$ 校友经济联盟损益：$m^2\times[\zeta(1-\alpha)\times(R_{e,t,i}-c_e)-w'_{e,t}]\times\rho_{CE}$ 母校损益：R_u-c_u 政府损益：$\eta\times\zeta\times t\times(R_{e,t,i}-c_e)-c_g$	单个企业损益：$(1-\alpha)\times(R_{e,t,i}-c_e)-w_{e,t}$ 校友经济联盟损益：$(m-1)^2\times[\zeta(1-\alpha)\times(R_{e,t,i}-c_e)-w'_{e,t}]\times\rho_{CE}$ 母校损益：$-c_u$ 政府损益：$t\times(R_{e,0,i}-c_e)-c_g$
	不参与	单个企业损益：$(1-\alpha)\times(R_{e,0,i}-c_e)-w_{e,t}$ 校友经济联盟损益：$(m-1)^2\times[\zeta(1-\alpha)\times(R_{e,t,i}-c_e)-w'_{e,t}]\times\rho_{CE}$ 母校损益：$-c_u$ 政府损益：$t\times(R_{e,0,i}-c_e)-c_g$	单个企业损益：$(1-\alpha)\times(R_{e,0,i}-c_e)-w_{e,t}$ 校友经济联盟损益：$(m-1)^2\times[\zeta(1-\alpha)\times(R_{e,t,i}-c_e)-w'_{e,t}]\times\rho_{CE}$ 母校损益：$-c_u$ 政府损益：$t\times(R_{e,0,i}-c_e)-c_g$

其中，m是加入校友经济联盟的成员数量，且$m<n$。

然后来看政府没有介入时校友经济运作的多方博弈演绎情形，如表5-3所示。

表5-3　政府未介入校友经济运作的多方演化博弈支付矩阵

		校友经济联盟	
		接纳	不接纳
单个企业 i	参与	单个企业损益：$\zeta(1-\alpha)\times(R_{e,t,i}-c_e)-w'_{e,t}$ 校友经济联盟损益：$m^2\times[\zeta(1-\alpha)\times(R_{e,t,i}-c_e)-w'_{e,t}]\times\rho_{CE}-c_g$ 母校损益：R_u-c_u 政府损益：$R_{g,t}$	单个企业损益：$(1-\alpha)\times(R_{e,t,i}-c_e)-w_{e,t}$ 校友经济联盟损益：$(m-1)^2\times[\zeta(1-\alpha)\times(R_{e,t,i}-c_e)-w'_{e,t}]\times\rho_{CE}-c_g$ 母校损益：$-c_u$ 政府损益：$R_{g,t}$
	不参与	单个企业损益：$(1-\alpha)\times(R_{e,0,i}-c_e)-w_{e,t}$ 校友经济联盟损益：$(m-1)^2\times[\zeta(1-\alpha)\times(R_{e,t,i}-c_e)-w'_{e,t}]\times\rho_{CE}-c_g$ 母校损益：$-c_u$ 政府损益：$R_{g,t}$	单个企业损益：$(1-\alpha)\times(R_{e,0,i}-c_e)-w_{e,t}$ 校友经济联盟损益：$(m-1)^2\times[\zeta(1-\alpha)\times(R_{e,t,i}-c_e)-w'_{e,t}]\times\rho_{CE}-c_g$ 母校损益：$-c_u$ 政府损益：$R_{g,t}$

可以看出：如果政府不直接参与校友经济联盟，那么它的损益就只有一般情况下的$R_{g,t}$，该值可正可负。然而如果政府支持和直接参与了校友经济联盟的创建和维护，那么它能够获得的收益就跟单个企业的收益相挂钩。如果单个企业经营非常好，那么政府的收益就相当可观。因此理性的政府通常都会比较这两个值的大小。我们认为，校友关系是一种"确定性的战略型资源"，能够带给企业更多的确定性，而不是风险。因而在一般情况下政府是愿意推动校友经济联盟发展壮大的，即政府愿意花费c_g来支持这件事。另外，我们注意到，在政府没有直接对校友经济联盟进行支持的情况下，校友经济联盟需要自己出资来吸纳更多的成员和维持校友关系管理事务的日常运转，因而校友经济联盟的成本就多了一项本来可以由政府出资的费用c_g。对于母校来说，它只有在单个企业愿意加入校

友经济联盟，且校友经济联盟愿意接纳时，才会取得一定的收益 R_u，否则它们就只有成本 c_u，因此母校为了自身利益也愿意促成校友经济联盟的形成和壮大。

下面再来求各个节点的最优化状态应用复制动态方程的演化稳定策略解。如果我们将政府直接影响校友经济联盟的概率设定为 $p_{gov-join}$，则政府不直接影响校友经济联盟的概率就是 $1-p_{gov-join}$；如果我们将企业自愿参与校友经济联盟的概率设定为 $p_{entity-join}$，则企业自愿不参与校友经济联盟的概率就是 $1-p_{entity-join}$。在政府不直接影响校友经济联盟的情况下，我们将校友经济联盟接纳单个企业加盟的概率设定为 $p_{union-accept,i}$，则校友经济联盟不接纳单个企业加盟的概率就是 $1-p_{union-accept,i}$。下面就分别将单个企业和银行等金融机构所面临的利益决策问题表述如下：

(1) 政府在两种情况下的期望收益（U）和平均期望收益（$\bar{U}$）为：

$$\begin{cases} U_{gov-join} = p_{entity-join}(1-p_{b(c)})p_{union-accept,i}[\eta \times \zeta \times t \times (R_{e,t,i}-c_e)-c_g] + \\ \qquad p_{entity-join}p_{b(c)}p_{union-accept,i} \cdot [\eta \times \zeta \times t \times (R_{e,0,i}-c_e)-c_g] + \\ \qquad (1-p_{entity-join})(1-p_{b(a)})p_{union-accept,i}[t \times (R_{e,0,i}-c_e)-c_g] + \\ \qquad (1-p_{entity-join})p_{b(a)}p_{union-accept,i}[t \times (R_{e,0,i}-c_e)] + \\ \qquad p_{entity-join}(1-p_{b(c)})(1-p_{union-accept,i}) \cdot [t \times (R_{e,0,i}-c_e)-c_g] + \\ \qquad (1-p_{entity-join})(1-p_{b(a)})p_{union-accept,i}[t \times (R_{e,0,i}-c_e)-c_g] + \\ \qquad (1-p_{entity-join})(1-p_{b(a)})(1-p_{union-accept,i})[t \times (R_{e,0,i}-c_e)-c_g] \\ U_{gov-unjoin} = R_{g,t} \\ \bar{U}_{gov} = p_{gov-join}U_{gov-join} + (1-p_{gov-join})U_{gov-unjoin} \end{cases}$$

(5.2)

(2) 单个企业在两种情况下的期望收益（U）和平均期望收益（$\bar{U}$）为：

$$\begin{cases} U_{entity-join} = p_{gov-join}(1-p_{b(a)})p_{union-accept,i}[\zeta(1-\alpha) \times (R_{e,t,i}-c_e)-w'_{e,t}] + \\ \qquad p_{gov-join}p_{b(a)}p_{union-accept,i}[(1-\alpha) \times (R_{e,t,i}-c_e)-w'_{e,t}] + \\ \qquad p_{gov-join}(1-p_{b(a)})p_{union-accept,i}[\zeta(1-\alpha) \times (R_{e,t,i}-c_e)-w'_{e,t}] + \\ \qquad p_{gov-join}(1-p_{b(c)})(1-p_{union-accept,i})[(1-\alpha) \times (R_{e,t,i}-c_e)-w_{e,t}] + \\ \qquad (1-p_{gov-join})(1-p_{b(c)})p_{union-accept,i}[\zeta(1-\alpha) \times (R_{e,t,i}-c_e)-w'_{e,t}] + \\ \qquad (1-p_{gov-join})(1-p_{b(a)})p_{union-accept,i}[(1-\alpha) \times (R_{e,t,i}-c_e)-w'_{e,t}] + \\ \qquad (1-p_{gov-join})(1-p_{b(a)})p_{union-accept,i}[\zeta(1-\alpha) \times (R_{e,t,i}-c_e)-w'_{e,t}] + \\ \qquad (1-p_{gov-join})(1-p_{b(c)})(1-p_{union-accept,i})[(1-\alpha) \times (R_{e,t,i}-c_e)-w_{e,t}] \\ U_{entity-unjoin} = p_{gov-join}(1-p_{b(c)})p_{union-accept,i}[(1-\alpha) \times (R_{e,0,i}-c_e)-w_{e,t}] + \\ \qquad p_{gov-join}p_{b(c)}p_{union-accept,i}[(1-\alpha) \times (R_{e,0,i}-c_e)-w_{e,t}] + \\ \qquad p_{gov-join}(1-p_{b(c)})p_{union-accept,i}[(1-\alpha) \times (R_{e,0,i}-c_e)-w_{e,t}] + \\ \qquad p_{gov-join}(1-p_{b(c)})(1-p_{union-accept,i})[(1-\alpha) \times (R_{e,0,i}-c_e)-w_{e,t}] + \\ \qquad (1-p_{gov-join})(1-p_{b(c)})p_{union-accept,i}[(1-\alpha) \times (R_{e,0,i}-c_e)-w_{e,t}] + \\ \qquad (1-p_{gov-join})p_{b(c)}p_{union-accept,i}[(1-\alpha) \times (R_{e,0,i}-c_e)-w_{e,t}] + \\ \qquad (1-p_{gov-join})(1-p_{b(c)})p_{union-accept,i}[(1-\alpha) \times (R_{e,0,i}-c_e)-w_{e,t}] + \\ \qquad (1-p_{gov-join})(1-p_{b(c)})(1-p_{union-accept,i})[(1-\alpha) \times (R_{e,0,i}-c_e)-w_{e,t}] \\ \bar{U}_{entity} = p_{entity-join}U_{entity-join} + (1-p_{entity-join})U_{entity-unjoin} \end{cases}$$

(5.3)

(3) 银行或其他金融机构在两种情况下的期望收益（U）和平均期望收益（$\overline{U}$）为：

$$\begin{cases} U_{b-join} = p_{gov-join} p_{entity-join} p_{union-accept,i} [r \times L' \times (1-p_{b(c)})] + \\ \qquad p_{gov-join}(1-p_{entity-accept,i}) p_{union-accept,i} [r \times L \times (1-p_{b(a)})] + \\ \qquad (1-p_{gov-join}) p_{entity-join} p_{union-accept,i} [r \times L' \times (1-p_{b(c)})] + \\ \qquad (1-p_{gov-join})(1-p_{entity-join}) p_{union-accept,i} [r \times L \times (1-p_{b(a)})] \\ U_{b-unjoin} = p_{gov-join} p_{entity-join} p_{union-accept,i} [r \times L \times p_{b(c)}] + \\ \qquad p_{gov-join}(1-p_{entity-join}) p_{union-accept,i} [r \times L \times p_{b(c)}] + \\ \qquad (1-p_{gov-join}) p_{entity-join} p_{union-accept,i} [r \times L \times p_{b(c)}] + \\ \qquad (1-p_{gov-join})(1-p_{entity-join}) p_{union-accept,i} [r \times L \times (1-p_{b(a)})] \\ \overline{U}_b = 0.5 \times [(1-p_{b(a)}) U_{b-join} + (1-p_{b(c)}) U_{b-join} + p_{b(a)} U_{b-unjoin} + p_{b(c)} U_{b-unjoin}] \end{cases}$$
(5.4)

(4) 校友经济联盟在两种情况下的期望收益（U）和平均期望收益（$\overline{U}$）为：

$$\begin{cases} U_{union-accept,i} = p_{entity-join} p_{gov-join}(1-p_{b(a)}) m^2 \times [\zeta(1-\alpha) \times (R_{e,t,i} - c_e) - w'_{e,t}] \times \\ \qquad \rho_{CE} + (1-p_{entity-join}) p_{gov-join}(1-p_{b(c)})(m-1)^2 \times [\zeta(1-\alpha) \times \\ \qquad (R_{e,t,i} - c_e) - w'_{e,t}] \times \rho_{CE} + p_{entity-join}(1-p_{gov-join})(1-p_{b(a)}) \\ \qquad \{m^2 \times [\zeta(1-\alpha) \times (R_{e,t,i} - c_e) - w'_{e,t}] \times \rho_{CE} - c_g\} + \\ \qquad (1-p_{entity-join})(1-p_{gov-join})(1-p_{b(c)})\{(m-1)^2 \times \\ \qquad [\zeta(1-\alpha) \times (R_{e,t,i} - c_e) - w'_{e,t}] \times \rho_{CE} - c_g\} \\ U_{union-unaccept,i} = p_{entity-join} p_{gov-join}(1-p_{b(c)})(m-1)^2 \times [\zeta(1-\alpha) \times \\ \qquad (R_{e,t,i} - c_e) - w'_{e,t}] \times \rho_{CE} + (1-p_{entity-join}) p_{gov-join}(1-p_{b(c)})(m-1)^2 \times \\ \qquad [\zeta(1-\alpha) \times (R_{e,t,i} - c_e) - w'_{e,t}] \times \rho_{CE} + p_{entity-join}(1-p_{gov-join}) \\ \qquad (1-p_{b(c)}) \{(m-1)^2 \times [\zeta(1-\alpha) \times (R_{e,t,i} - c_e) - w'_{e,t}] \times \\ \qquad \rho_{CE} - c_g\} + (1-p_{entity-join})(1-p_{gov-join})(1-p_{b(c)})\{(m-1)^2 \times \\ \qquad [\zeta(1-\alpha) \times (R_{e,t,i} - c_e) - w'_{e,t}] \times \rho_{CE} - c_g\} \\ \overline{U}_{union,i} = p_{union-accept,i} U_{union-accept,i} + (1-p_{union-accept,i}) U_{union-unaccept,i} \end{cases}$$
(5.5)

按照演化博弈经济学的基本分析范式，我们给出每个节点的可复制动态演化方程。

首先，政府的可复制动态演化方程为：

$$\begin{aligned} F(p_{gov-join}) &= p_{gov-join}(U_{gov-join} - \overline{U}_{gov}) \\ &= p_{gov-join}(1-p_{gov-join})(U_{gov-join} - U_{gov-unjoin}) \\ &= p_{gov-join}(1-p_{gov-join})\{p_{entity-join}(1-p_{b(c)}) p_{union-accept,i} [\eta \times \zeta \times t \times (R_{e,t,i} - \\ &\quad c_e) - c_g] + p_{entity-join} p_{b(c)} p_{union-accept,i} [\eta \times \zeta \times t \times (R_{e,0,i} - c_e) - c_g] + \\ &\quad (1-p_{entity-join})(1-p_{b(a)}) p_{union-accept,i} [t \times (R_{e,0,i} - c_e) - c_g] + \\ &\quad (1-p_{entity-join}) p_{b(a)} p_{union-accept,i} [t \times (R_{e,0,i} - c_e)] + \\ &\quad p_{entity-join}(1-p_{b(c)})(1-p_{union-accept,i}) [t \times (R_{e,0,i} - c_e) - c_g] + \\ &\quad (1-p_{entity-join})(1-p_{b(a)}) p_{union-accept,i} [t \times (R_{e,0,i} - c_e) - c_g] + \end{aligned}$$

$$(1-p_{entity-join})(1-p_{b(a)})(1-p_{union-accept,i})[t \times (R_{e,0,i} - c_e) - c_g]\} -$$
$$p_{gov-join}(1-p_{gov-join})R_{g,t} \tag{5.6}$$

其次，单个企业的可复制动态演化方程为：

$$F(p_{entity-join}) = p_{entity-join}(U_{entity-join} - \overline{U}_{entity})$$
$$= p_{entity-join}(1-p_{entity-join})(U_{entity-join} - U_{entity-unjoin})$$
$$= p_{entity-join}(1-p_{entity-join})\{p_{gov-join}(1-p_{b(a)})p_{union-accept,i}[\zeta(1-\alpha) \times$$
$$(R_{e,t,i} - c_e) - w'_{e,t}] + p_{gov-join}p_{b(a)}p_{union-accept,i}[(1-\alpha) \times$$
$$(R_{e,t,i} - c_e) - w'_{e,t}] + p_{gov-join}(1-p_{b(a)})p_{union-accept,i}[\zeta(1-\alpha) \times$$
$$(R_{e,t,i} - c_e) - w'_{e,t}] + p_{gov-join}(1-p_{b(c)})(1-p_{union-accept,i})[(1-\alpha) \times$$
$$(R_{e,t,i} - c_e) - w_{e,t}] + (1-p_{gov-join})(1-p_{b(c)})p_{union-accept,i}[\zeta(1-\alpha) \times$$
$$(R_{e,t,i} - c_e) - w'_{e,t}] + (1-p_{gov-join})(1-p_{b(a)})p_{union-accept,i}[(1-\alpha) \times$$
$$(R_{e,t,i} - c_e) - w'_{e,t}] + (1-p_{gov-join})(1-p_{b(a)})p_{union-accept,i}[\zeta(1-\alpha) \times$$
$$(R_{e,t,i} - c_e) - w'_{e,t}] + (1-p_{gov-join})(1-p_{b(c)})(1-p_{union-accept,i})[(1-\alpha) \times$$
$$(R_{e,t,i} - c_e) - w_{e,t}]\} - p_{entity-join}(1-p_{entity-join})\{p_{gov-join}(1-p_{b(c)})p_{union-accept,i}[(1-\alpha) \times$$
$$(R_{e,0,i} - c_e) - w_{e,t}] + p_{gov-join}p_{b(c)}p_{union-accept,i}[(1-\alpha) \times$$
$$(R_{e,0,i} - c_e) - w_{e,t}] + p_{gov-join}(1-p_{b(c)})p_{union-accept,i}[(1-\alpha) \times$$
$$(R_{e,0,i} - c_e) - w_{e,t}] + p_{gov-join}(1-p_{b(c)})(1-p_{union-accept,i})[(1-\alpha) \times$$
$$(R_{e,0,i} - c_e) - w_{e,t}] + (1-p_{gov-join})(1-p_{b(c)})p_{union-accept,i}[(1-\alpha) \times$$
$$(R_{e,0,i} - c_e) - w_{e,t}] + (1-p_{gov-join})p_{b(c)}p_{union-accept,i}[(1-\alpha) \times$$
$$(R_{e,0,i} - c_e) - w_{e,t}] + (1-p_{gov-join})(1-p_{b(c)})p_{union-accept,i}[(1-\alpha) \times$$
$$(R_{e,0,i} - c_e) - w_{e,t}] + (1-p_{gov-join})(1-p_{b(c)})(1-p_{union-accept,i})[(1-\alpha) \times$$
$$(R_{e,0,i} - c_e) - w_{e,t}]\} \tag{5.7}$$

再次，银行或其他金融机构的可复制动态演化方程为：

$$F(p_{b-join}) = [1 - 0.5 \times (p_{b(a)} + p_{b(c)})](U_{b-join} - \overline{U}_b)$$
$$= [1 - 0.5 \times (p_{b(a)} + p_{b(c)})]\{U_{b-join} - 0.5 \times$$
$$[2U_{b-join} + (p_{b(a)} + p_{b(c)})(U_{b-unjoin} - U_{b-join})]\}$$
$$= [1 - 0.5 \times (p_{b(a)} + p_{b(c)})][(p_{b(a)} + p_{b(c)})(U_{b-join} - U_{b-unjoin})]$$
$$= [1 - 0.5 \times (p_{b(a)} + p_{b(c)})]((p_{b(a)} + p_{b(c)})\{p_{gov-join}p_{entity-join}p_{union-accept,i}[r \times L' \times$$
$$(1-p_{b(c)})] + p_{gov-join}(1-p_{entity-join})p_{union-accept,i}[r \times L \times (1-p_{b(a)})] +$$
$$(1-p_{gov-join})p_{entity-join}p_{union-accept,i}[r \times L' \times (1-p_{b(c)})] +$$
$$(1-p_{gov-join})(1-p_{entity-join})p_{union-accept,i}[r \times L \times (1-p_{b(a)})]\} -$$
$$(p_{b(a)} + p_{b(c)})\{p_{gov-join}p_{entity-join}p_{union-accept,i}[r \times L \times$$
$$p_{b(c)}] + p_{gov-join}(1-p_{entity-join})p_{union-accept,i}[r \times L \times p_{b(c)}] +$$
$$(1-p_{gov-join})p_{entity-join}p_{union-accept,i}[r \times L \times p_{b(c)}] +$$
$$(1-p_{gov-join})(1-p_{entity-join})p_{union-accept,i}[r \times L \times (1-p_{b(a)})]\}) \tag{5.8}$$

最后，校友经济联盟的可复制动态演化方程为：

$$F(p_{union-accept,i}) = p_{union-accept,i}(U_{union-accept,i} - \overline{U}_{union})$$
$$= p_{union-accept,i}(1-p_{union-accept,i})(U_{union-accept,i} - U_{union-unaccept,i})$$

$$\begin{aligned}
&= [(p_{entity-join} p_{gov-join}(1-p_{b(a)})m^2 \times [\zeta(1-\alpha) \times (R_{e,t,i}-c_e)-w'_{e,t}] \times \\
&\quad \rho_{CE} + (1-p_{entity-join})p_{gov-join}(1-p_{b(c)})(m-1)^2 \times [\zeta(1-\alpha) \times (R_{e,t,i}- \\
&\quad c_e)-w'_{e,t}] \times \rho_{CE} + p_{entity-join}(1-p_{gov-join})(1-p_{b(a)})\{m^2 \times \\
&\quad [\zeta(1-\alpha) \times (R_{e,t,i}-c_e)-w'_{e,t}] \times \rho_{CE} - c_g\} + \\
&\quad (1-p_{entity-join})(1-p_{gov-join})(1-p_{b(c)})\{(m-1)^2 \times [\zeta(1-\alpha) \times (R_{e,t,i}-c_e)- \\
&\quad w'_{e,t}] \times \rho_{CE} - c_g\}) - (p_{entity-join} p_{gov-join}(1-p_{b(c)})(m-1)^2 \times \\
&\quad [\zeta(1-\alpha) \times (R_{e,t,i}-c_e)-w'_{e,t}] \times \rho_{CE} + \\
&\quad (1-p_{entity-join})p_{gov-join}(1-p_{b(c)})(m-1)^2 \times [\zeta(1-\alpha) \times (R_{e,t,i}-c_e)- \\
&\quad w'_{e,t}] \times \rho_{CE} + p_{entity-join}(1-p_{gov-join})(1-p_{b(c)})\{(m-1)^2 \times \\
&\quad [\zeta(1-\alpha) \times (R_{e,t,i}-c_e)-w'_{e,t}] \times \rho_{CE} - c_g\} + \\
&\quad (1-p_{entity-join})(1-p_{gov-join})(1-p_{b(c)})\{(m-1)^2 \times \\
&\quad [\zeta(1-\alpha) \times (R_{e,t,i}-c_e)-w'_{e,t}] \times \rho_{CE} - c_g\})] \times \\
&\quad p_{union-accept,i}(1-p_{union-accept,i})
\end{aligned} \tag{5.9}$$

根据上述这四个动态演化方程，分别对 $p_{gov-join}$、$p_{entity-join}$ 和 $p_{union-accept}$ 这三个变量求一阶偏导，并对 $p_{b(a)}$、$p_{b(c)}$ 这两个变量分别求偏导再相加，得到的雅可比矩阵为：

$$\boldsymbol{J} = \begin{bmatrix} F_{11} & F_{12} & F_{13} & F_{14} \\ F_{21} & F_{22} & F_{23} & F_{24} \\ F_{31} & F_{32} & F_{33} & F_{34} \\ F_{41} & F_{42} & F_{43} & F_{44} \end{bmatrix}$$

$$= \begin{bmatrix} \dfrac{\partial F(p_{gov-join})}{\partial p_{gov-join}} & \dfrac{\partial F(p_{gov-join})}{\partial p_{entity-join}} & \dfrac{\partial F(p_{gov-join})}{\partial p_{b(a)}} + \dfrac{\partial F(p_{gov-join})}{\partial p_{b(c)}} & \dfrac{\partial F(p_{gov-join})}{\partial p_{union-accept}} \\ \dfrac{\partial F(p_{entity-join})}{\partial p_{gov-join}} & \dfrac{\partial F(p_{entity-join})}{\partial p_{entity-join}} & \dfrac{\partial F(p_{entity-join})}{\partial p_{b(a)}} + \dfrac{\partial F(p_{entity-join})}{\partial p_{b(c)}} & \dfrac{\partial F(p_{entity-join})}{\partial p_{union-accept}} \\ \dfrac{\partial F(p_{b-join})}{\partial p_{gov-join}} & \dfrac{\partial F(p_{b-join})}{\partial p_{entity-join}} & \dfrac{\partial F(p_{b-join})}{\partial p_{b(a)}} + \dfrac{\partial F(p_{b-join})}{\partial p_{b(c)}} & \dfrac{\partial F(p_{b-join})}{\partial p_{union-accept}} \\ \dfrac{\partial F(p_{union-accept})}{\partial p_{gov-join}} & \dfrac{\partial F(p_{union-accept})}{\partial p_{entity-join}} & \dfrac{\partial F(p_{union-accept})}{\partial p_{b(a)}} + \dfrac{\partial F(p_{union-accept})}{\partial p_{b(c)}} & \dfrac{\partial F(p_{union-accept})}{\partial p_{union-accept}} \end{bmatrix} \tag{5.10}$$

其中，经计算，我们分别得到：

$$F_{11} = (U_{gov-join} - U_{gov-unjoin})(1-2p_{gov-join}) \tag{5.11}$$

$$\begin{aligned}
F_{12} &= p_{gov-join}(1-p_{gov-join})\{p_{union-accept,i}[\eta \times \zeta \times t(R_{e,t,i}-c_e)-c_g] + \\
&\quad p_{b(c)} p_{union-accept,i}[\eta \times \zeta \times t(R_{e,0,i}-R_{e,t,i})] + [(1-p_{b(a)})p_{union-accept,i}]c_g + \\
&\quad (1-p_{b(c)})(1-p_{union-accept,i})[t \times (R_{e,0,i}-c_e)-c_g] - \\
&\quad (1-p_{b(a)})[t \times (R_{e,0,i}-c_e)-c_g]\}
\end{aligned} \tag{5.12}$$

$$\begin{aligned}
F_{13} &= p_{gov-join}(1-p_{gov-join})\{-p_{union-accept,i}[\eta \times \zeta \times t(R_{e,t,i}-c_e)-c_g] + \\
&\quad p_{entity-join} p_{union-accept,i}[\eta \times \zeta \times t(R_{e,0,i}-c_e)-c_g]\} - p_{entity-join}(1-p_{union-accept,i}) \\
&\quad [t \times (R_{e,0,i}-c_e)-c_g] + (1-p_{entity-join})p_{union-accept,i} c_g - (1-p_{entity-join}) \\
&\quad [t \times (R_{e,0,i}-c_e)-c_g]
\end{aligned} \tag{5.13}$$

$$F_{14} = p_{gov-join}(1-p_{gov-join})\{p_{entity-join}(1-p_{b(c)})[\eta \times \zeta \times t \times (R_{e,t,i}-c_e)-c_g] +$$
$$p_{entity-join}p_{b(c)}[\eta \times \zeta \times t \times (R_{e,0,i}-c_e)-c_g] + (1-p_{entity-join})(1-p_{b(a)})$$
$$[t \times (R_{e,0,i}-c_e)-c_g] + (1-p_{entity-join})p_{b(a)}[t \times (R_{e,0,i}-c_e)] -$$
$$p_{entity-join}(1-p_{b(c)})[t \times (R_{e,0,i}-c_e)-c_g]\} \tag{5.14}$$

$$F_{21} = p_{entity-join}(1-p_{entity-join})\{2(1-p_{b(a)})p_{union-accept,i}$$
$$[\zeta(1-\alpha) \times (R_{e,t,i}-c_e)-w'_{e,t}] + p_{b(a)}p_{union-accept,i}$$
$$[(1-\alpha) \times (R_{e,t,i}-c_e)-w'_{e,t}] - (1-p_{b(c)})p_{union-accept,i}$$
$$[\zeta(1-\alpha) \times (R_{e,t,i}-c_e)-w'_{e,t}] - (1-p_{b(a)})p_{union-accept,i}$$
$$[(1-\alpha) \times (R_{e,t,i}-c_e)-w'_{e,t}] - (1-p_{b(a)})p_{union-accept,i}$$
$$[\zeta(1-\alpha) \times (R_{e,t,i}-c_e)-w'_{e,t}] - p_{entity-join}(1-p_{entity-join})\{p_{union-accept,i}$$
$$[(1-\alpha) \times (R_{e,0,i}-c_e)-w_{e,t}] + (1-p_{b(c)})[(1-\alpha) \times (R_{e,0,i}-c_e)-w_{e,t}] -$$
$$p_{union-accept,i}[(1-\alpha) \times (R_{e,0,i}-c_e)-w_{e,t}] - (1-p_{b(c)})$$
$$[(1-\alpha) \times (R_{e,0,i}-c_e)-w_{e,t}]\}$$
$$= p_{entity-join}(1-p_{entity-join})\{[2(1-p_{b(a)})p_{union-accept,i}\zeta + p_{b(a)}p_{union-accept,i}]$$
$$[(1-\alpha) \times (R_{e,t,i}-c_e)-w'_{e,t}] - [(1-p_{b(c)})p_{union-accept,i}\zeta +$$
$$(1-p_{b(a)})p_{union-accept,i} - (1-p_{b(a)})p_{union-accept,i}\zeta]$$
$$[(1-\alpha) \times (R_{e,t,i}-c_e)-w'_{e,t}]\} \tag{5.15}$$

$$F_{22} = (1-2p_{entity-join})(U_{entity-join} - U_{entity-unjoin}) \tag{5.16}$$

$$F_{23} = p_{entity-join}(1-p_{entity-join})\{p_{gov-join}p_{union-accept,i}[(1-\alpha) \times (R_{e,t,i}-c_e)-w'_{e,t}] -$$
$$p_{union-accept,i}[\zeta(1-\alpha) \times (R_{e,t,i}-c_e)-w'_{e,t}] - (1-p_{gov-join})p_{union-accept,i}$$
$$[(1-\alpha) \times (R_{e,t,i}-c_e)-w'_{e,t}]\} + p_{entity-join}(1-p_{entity-join})\{-p_{gov-join}$$
$$[(1-\alpha) \times (R_{e,t,i}-c_e)-w_{e,t}] - (1-p_{gov-join})$$
$$[(1-\alpha)] \times (R_{e,t,i}-c_e)-w_{e,t}\} \tag{5.17}$$

$$F_{24} = p_{entity-join}(1-p_{entity-join})\{p_{gov-join}(1-p_{b(a)})[\zeta(1-\alpha) \times (R_{e,t,i}-c_e)-w'_{e,t}] +$$
$$p_{gov-join}p_{b(a)}[(1-\alpha) \times (R_{e,t,i}-c_e)-w'_{e,t}] + p_{gov-join}(1-p_{b(a)})[\zeta(1-\alpha) \times$$
$$(R_{e,t,i}-c_e)-w'_{e,t}] - p_{gov-join}(1-p_{b(c)})[(1-\alpha) \times (R_{e,t,i}-c_e)-w'_{e,t}] +$$
$$(1-p_{gov-join})(1-p_{b(c)})[\zeta(1-\alpha) \times (R_{e,t,i}-c_e)-w'_{e,t}] +$$
$$(1-p_{gov-join})(1-p_{b(a)})[(1-\alpha) \times (R_{e,t,i}-c_e)-w'_{e,t}] +$$
$$(1-p_{gov-join})(1-p_{b(a)})[\zeta(1-\alpha) \times (R_{e,t,i}-c_e)-w'_{e,t}] +$$
$$(1-p_{gov-join})(1-p_{b(c)})[(1-\alpha) \times (R_{e,t,i}-c_e)-w_{e,t}\} -$$
$$p_{entity-join}(1-p_{entity-join})\{p_{gov-join}[(1-\alpha) \times (R_{e,t,i}-c_e)-w_{e,t}] +$$
$$(1-p_{gov-join})[(1-\alpha) \times (R_{e,t,i}-c_e)-w_{e,t}]\}$$
$$= p_{entity-join}(1-p_{entity-join})\{p_{gov-join}(1-p_{b(a)})[\zeta(1-\alpha) \times (R_{e,t,i}-c_e)-w'_{e,t}] +$$
$$p_{gov-join}p_{b(a)}[(1-\alpha) \times (R_{e,t,i}-c_e)-w'_{e,t}] + p_{gov-join}(1-p_{b(a)})[\zeta(1-\alpha) \times$$
$$(R_{e,t,i}-c_e)-w'_{e,t}] - p_{gov-join}(1-p_{b(c)})[(1-\alpha) \times (R_{e,t,i}-c_e)-w'_{e,t}] +$$
$$(1-p_{gov-join})(1-p_{b(c)})[\zeta(1-\alpha) \times (R_{e,t,i}-c_e)-w'_{e,t}] +$$
$$(1-p_{gov-join})(1-p_{b(a)})[(1-\alpha) \times (R_{e,t,i}-c_e)-w'_{e,t}] +$$
$$(1-p_{gov-join})(1-p_{b(a)})[\zeta(1-\alpha) \times (R_{e,t,i}-c_e)-w'_{e,t}] +$$

$$(1-p_{gov-join})(1-p_{b(c)})[(1-\alpha)\times(R_{e,t,i}-c_e)-w_{e,t}]-$$
$$p_{entity-join}(1-p_{entity-join})[(1-\alpha)\times(R_{e,t,i}-c_e)-w_{e,t}] \tag{5.18}$$

$$F_{31}=[1-\frac{1}{2}(p_{b(a)}+p_{b(c)})]((p_{b(a)}+p_{b(c)})\{p_{entity-join}p_{union-accept,i}$$
$$[r\times L'\times(1-p_{b(c)})]+(1-p_{entity-join})p_{union-accept,i}[r\times L\times(1-p_{b(a)})]-$$
$$p_{entity-join}p_{union-accept,i}[r\times L'\times(1-p_{b(c)})]-(1-p_{entity-join})p_{union-accept,i}$$
$$[r\times L\times(1-p_{b(a)})]\}-(p_{b(a)}+p_{b(c)})\{p_{entity-join}p_{union-accept,i}(r\times L\times p_{b(c)})+$$
$$(1-p_{entity-join})p_{union-accept,i}[r\times L\times p_{b(c)}]-p_{entity-join}p_{union-accept,i}[r\times L\times p_{b(c)}]-$$
$$(1-p_{entity-join})p_{union-accept,i}[r\times L\times(1-p_{b(a)})]\})$$
$$=[1-\frac{1}{2}(p_{b(a)}+p_{b(c)})]\{-(p_{b(a)}+p_{b(c)})$$
$$[(1-p_{entity-join})p_{union-accept,i}\times r\times L(p_{b(a)}+p_{b(c)}-1)]\} \tag{5.19}$$

$$F_{32}=[1-\frac{1}{2}(p_{b(a)}+p_{b(c)})]((p_{b(a)}+p_{b(c)})\{p_{gov-join}p_{union-accept,i}[r\times L'\times(1-p_{b(c)})]-$$
$$p_{gov-join}p_{union-accept,i}[r\times L\times(1-p_{b(a)})]+(1-p_{gov-join})p_{union-accept,i}[r\times L'\times$$
$$(1-p_{b(c)})]-(1-p_{gov-join})p_{union-accept,i}[r\times L\times(1-p_{b(a)})]\}-(p_{b(a)}+p_{b(c)})$$
$$\{p_{gov-join}p_{union-accept,i}[r\times L\times p_{b(c)}]-p_{gov-join}p_{union-accept,i}[r\times L\times p_{b(c)}]+(1-$$
$$p_{gov-join})p_{union-accept,i}[r\times L\times p_{b(c)}]-(1-p_{gov-join})p_{union-accept,i}[r\times L\times(1-p_{b(a)})]\})$$
$$=[1-\frac{1}{2}(p_{b(a)}+p_{b(c)})](p_{b(a)}+p_{b(c)})p_{union-accept,i}[r\times L'\times(1-p_{b(c)})-r\times$$
$$L\times(1-p_{b(a)})-r\times L\times(1-p_{gov-join})(p_{b(a)}+p_{b(c)}-1)] \tag{5.20}$$

$$F_{33}=-\frac{1}{2}(p_{b(a)}+p_{b(c)})(U_{b-join}-U_{b-unjoin})+[1-\frac{1}{2}(p_{b(a)}+p_{b(c)})](U_{b-join}-$$
$$U_{b-unjoin})+[1-\frac{1}{2}(p_{b(a)}+p_{b(c)})](p_{b(a)}+p_{b(c)})\{-p_{gov-join}(1-p_{entity-join})$$
$$p_{union-accept,i}\times r\times L-(1-p_{gov-join})(1-p_{entity-join})p_{union-accept,i}\times r\times L-$$
$$p_{gov-join}p_{entity-join}p_{union-accept,i}\times r\times L+(1-p_{gov-join})(1-p_{entity-join})p_{union-accept,i}\times$$
$$r\times L\}-\frac{1}{2}(p_{b(a)}+p_{b(c)})(U_{b-join}-U_{b-unjoin})+[1-\frac{1}{2}(p_{b(a)}+p_{b(c)})](U_{b-join}-$$
$$U_{b-unjoin})+[1-\frac{1}{2}(p_{b(a)}+p_{b(c)})](p_{b(a)}+p_{b(c)})\{-p_{gov-join}p_{entity-join}p_{union-accept,i}\times$$
$$r\times L'-(1-p_{gov-join})p_{entity-join}p_{union-accept,i}\times r\times L'-p_{gov-join}p_{entity-join}p_{union-accept,i}\times$$
$$r\times L+p_{gov-join}(1-p_{entity-join})p_{union-accept,i}\times r\times L+(1-p_{gov-join})$$
$$p_{entity-join}p_{union-accept,i}\times r\times L\}$$
$$=-(p_{b(a)}+p_{b(c)})(U_{b-join}-U_{b-unjoin})[2-(p_{b(a)}+p_{b(c)})](U_{b-join}-U_{b-unjoin})+$$
$$[1-\frac{1}{2}(p_{b(a)}+p_{b(c)})](p_{b(a)}+p_{b(c)})\{-(1-p_{entity-join})p_{union-accept,i}\times r\times$$
$$L-p_{gov-join}p_{entity-join}p_{union-accept,i}\times r\times L+(1-p_{gov-join})(1-p_{entity-join})$$
$$p_{union-accept,i}\times r\times L+p_{entity-join}p_{union-accept,i}\times r\times L'+p_{gov-join}p_{entity-join}p_{union-accept,i}\times$$
$$r\times L-p_{gov-join}(1-p_{entity-join})p_{union-accept,i}\times r\times L-(1-p_{gov-join})$$

$$p_{entity-join} p_{union-accept,i} \times r \times L \} \tag{5.21}$$

$$\begin{aligned}F_{34} &= [1 - \frac{1}{2}(p_{b(a)} + p_{b(c)})]((p_{b(a)} + p_{b(c)})\{p_{gov-join} p_{entity-join}[r \times L' \times (1 - p_{b(c)})] + \\ &\quad p_{gov-join}(1 - p_{entity-join})[r \times L \times (1 - p_{b(a)})] + (1 - p_{gov-join}) p_{entity-join}[r \times L' \times \\ &\quad (1 - p_{b(c)})] + (1 - p_{gov-join})(1 - p_{entity-join})[r \times L \times (1 - p_{b(a)})]\} - \\ &\quad (p_{b(a)} + p_{b(c)})\{p_{gov-join} p_{entity-join}[r \times L \times p_{b(c)}] + p_{gov-join}(1 - p_{entity-join}) \\ &\quad [r \times L \times p_{b(c)}] + (1 - p_{gov-join}) p_{entity-join}[r \times L \times p_{b(c)}] + \\ &\quad (1 - p_{gov-join})(1 - p_{entity-join})[r \times L \times (1 - p_{b(a)})]\}) \\ &= [1 - \frac{1}{2}(p_{b(a)} + p_{b(c)})]((p_{b(a)} + p_{b(c)})\{(1 - p_{entity-join})[r \times L \times (1 - p_{b(a)})] + \\ &\quad p_{entity-join}[r \times L' \times (1 - p_{b(c)})] - p_{gov-join}[r \times L \times p_{b(c)}] - (1 - p_{gov-join}) p_{entity-join} \\ &\quad [r \times L \times p_{b(c)}] - (1 - p_{gov-join})(1 - p_{entity-join})[r \times L \times (1 - p_{b(a)})]\}) \end{aligned}$$

$$\tag{5.22}$$

$$\begin{aligned}F_{41} &= p_{union-accept,i}(1 - p_{union-accept,i})(p_{entity-join}(1 - p_{b(a)}) m^2 \times [\zeta(1-\alpha) \times (R_{e,t,i} - \\ &\quad c_e) - w'_{e,t}] \times \rho_{CE} + (1 - p_{entity-join})(1 - p_{b(c)})(m-1)^2 \times [\zeta(1-\alpha) \times (R_{e,t,i} - \\ &\quad c_e) - w'_{e,t}] \times \rho_{CE} - p_{entity-join}(1 - p_{b(a)})\{m^2 \times [\zeta(1-\alpha) \times (R_{e,t,i} - c_e) - w'_{e,t}] \times \\ &\quad \rho_{CE} - c_g\} - (1 - p_{entity-join})(1 - p_{b(c)})\{(m-1)^2 \times [\zeta(1-\alpha) \times (R_{e,t,i} - c_e) - \\ &\quad w'_{e,t}] \times \rho_{CE} - c_g\} - p_{entity-join}(1 - p_{b(a)})(m-1)^2 \times [\zeta(1-\alpha) \times (R_{e,t,i} - c_e) - \\ &\quad w'_{e,t}] \times \rho_{CE} - (1 - p_{entity-join})(1 - p_{b(c)})(m-1)^2 \times [\zeta(1-\alpha) \times (R_{e,t,i} - c_e) - \\ &\quad w'_{e,t}] \times \rho_{CE} + p_{entity-join}(1 - p_{b(c)})\{(m-1)^2 \times [\zeta(1-\alpha) \times (R_{e,t,i} - c_e) - w'_{e,t}] \times \\ &\quad \rho_{CE} - c_g\} + (1 - p_{entity-join})(1 - p_{b(c)})\{(m-1)^2 \times [\zeta(1-\alpha) \times (R_{e,t,i} - c_e) - \\ &\quad w'_{e,t}] \times \rho_{CE} - c_g\}) \\ &= p_{union-accept,i}(1 - p_{union-accept,i})(p_{entity-join}(1 - p_{b(a)})(m^2 \times c_g) + \\ &\quad (1 - p_{entity-join})(1 - p_{b(c)})(m-1)^2 \times c_g - (1 - p_{b(c)})(m-1)^2 \times \\ &\quad [\zeta(1-\alpha) \times (R_{e,t,i} - c_e) - w'_{e,t}] \times \rho_{CE} + p_{entity-join}(1 - p_{b(c)})\{(m-1)^2 \times \\ &\quad [\zeta(1-\alpha) \times (R_{e,t,i} - c_e) - w'_{e,t}] \times \rho_{CE} - c_g\} + (1 - p_{entity-join})(1 - p_{b(c)}) \\ &\quad \{(m-1)^2 \times [\zeta(1-\alpha) \times (R_{e,t,i} - c_e) - w'_{e,t}] \times \rho_{CE} - c_g\}) \end{aligned} \tag{5.23}$$

$$\begin{aligned}F_{42} &= p_{union-accept,i}(1 - p_{union-accept,i})[p_{gov-join}(1 - p_{b(a)}) m^2 \times \\ &\quad [\zeta(1-\alpha) \times (R_{e,t,i} - c_e) - w'_{e,t}] \times \rho_{CE} - p_{gov-join}(1 - p_{b(c)})(m-1)^2 \times \\ &\quad [\zeta(1-\alpha) \times (R_{e,t,i} - c_e) - w'_{e,t}] \times \rho_{CE} + (1 - p_{gov-join})(1 - p_{b(a)})\{m^2 \times \\ &\quad [\zeta(1-\alpha) \times (R_{e,t,i} - c_e) - w'_{e,t}] \times \rho_{CE} - c_g\} - (1 - p_{gov-join})(1 - p_{b(c)})\{(m-1)^2 \times \\ &\quad [\zeta(1-\alpha) \times (R_{e,t,i} - c_e) - w'_{e,t}] \times \rho_{CE} - c_g\} - p_{gov-join}(1 - p_{b(c)})(m-1)^2 \times \\ &\quad [\zeta(1-\alpha) \times (R_{e,t,i} - c_e) - w'_{e,t}] \times \rho_{CE} + p_{gov-join}(1 - p_{b(c)})(m-1)^2 \times \\ &\quad [\zeta(1-\alpha) \times (R_{e,t,i} - c_e) - w'_{e,t}] \times \rho_{CE} - (1 - p_{gov-join})(1 - p_{b(c)})\{(m-1)^2 \times \\ &\quad [\zeta(1-\alpha) \times (R_{e,t,i} - c_e) - w'_{e,t}] \times \rho_{CE} - c_g\} + (1 - p_{gov-join})(1 - p_{b(c)})\{(m-1)^2 \times \\ &\quad [\zeta(1-\alpha) \times (R_{e,t,i} - c_e) - w'_{e,t}] \times \rho_{CE} - c_g\}] \end{aligned} \tag{5.24}$$

$$\begin{aligned}F_{43} &= p_{union-accept,i}(1 - p_{union-accept,i})(-p_{entity-join} p_{gov-join} \times m^2 \times \\ &\quad [\zeta(1-\alpha) \times (R_{e,t,i} - c_e) - w'_{e,t}] \times \rho_{CE} - p_{entity-join}(1 - p_{gov-join})\{m^2 \times \end{aligned}$$

$$[\zeta(1-\alpha) \times (R_{e,t,i} - c_e) - w'_{e,t}] \times \rho_{CE} - c_g\} - (1 - p_{entity-join})p_{gov-join}(m-1)^2 \times$$
$$[\zeta(1-\alpha) \times (R_{e,t,i} - c_e) - w'_{e,t}] \times \rho_{CE} - (1 - p_{entity-join})(1 - p_{gov-join})\{(m-1)^2 \times$$
$$[\zeta(1-\alpha) \times (R_{e,t,i} - c_e) - w'_{e,t}] \times \rho_{CE} - c_g\} + p_{entity-join}p_{gov-join}(m-1)^2 \times$$
$$[\zeta(1-\alpha) \times (R_{e,t,i} - c_e) - w'_{e,t}] \times \rho_{CE} + (1 - p_{entity-join})p_{gov-join}(m-1)^2 \times$$
$$[\zeta(1-\alpha) \times (R_{e,t,i} - c_e) - w'_{e,t}] \times \rho_{CE} + p_{entity-join}(1 - p_{gov-join})\{(m-1)^2 \times$$
$$[\zeta(1-\alpha) \times (R_{e,t,i} - c_e) - w'_{e,t}] \times \rho_{CE} - c_g\} + (1 - p_{entity-join})(1 - p_{gov-join})$$
$$\{(^m-1)2 \times [\zeta(1-\alpha) \times (R_{e,t,i} - c_e) - w'_{e,t}] \times \rho_{CE} - c_g\}) \tag{5.25}$$

$$F_{44} = (1 - 2p_{union-accept,i})(U_{union-accept,i} - U_{union-unaccept,i}) \tag{5.26}$$

根据上述雅可比矩阵，进一步求出其特征值矩阵。令 $F(p_{gov-join}) = F(p_{entity-join}) = F(p_{b-join}) = F(p_{union-accept,i}) = 0$，则可得16个局部均衡点，它们分别是：

$E_1 = (0,0,0,0,0)$; $E_2 = (0,1,0,0,0)$; $E_3 = (0,0,1,1,0)$; $E_4 = (0,1,1,1,0)$

$E_5 = (0,0,0,0,1)$; $E_6 = (0,0,1,1,1)$; $E_7 = (0,1,0,0,1)$; $E_8 = (0,1,1,1,1)$

$E_9 = (1,0,0,0,0)$; $E_{10} = (1,0,1,1,0)$; $E_{11} = (1,0,0,0,1)$; $E_{12} = (1,0,1,1,1)$

$E_{13} = (1,1,0,0,0)$; $E_{14} = (1,1,0,0,1)$; $E_{15} = (1,1,1,1,0)$; $E_{16} = (1,1,1,1,1)$

经过计算和观察发现：只有银行或者其他执行贷款职能的金融机构在企业加入校友经济联盟或者校友经济联盟决定接纳企业加入时不愿意提供企业贷款的概率（$P_{b(a)}$），以及银行在企业没有加入校友经济联盟或者校友经济联盟决定不接纳企业加入时不愿意提供企业贷款的概率（$p_{b(c)}$）同时为0或者同时为1时，才会出现局部均衡点。当它们同时为0时，意味着无论出现何种情况银行都愿意提供信贷；而当它们同时为1时，则意味着无论出现何种情况银行都不愿意提供信贷。

下面我们将上述16个局部均衡点所对应的4个特征值求出来，并依次将16个局部均衡点代入（5.11）~（5.26）式，得到各自的雅可比矩阵如下：

$$\boldsymbol{J}_{E1} = \begin{bmatrix} J_{E1_{11}} & J_{E1_{12}} & J_{E1_{13}} & J_{E1_{14}} \\ J_{E1_{21}} & J_{E1_{22}} & J_{E1_{23}} & J_{E1_{24}} \\ J_{E1_{31}} & J_{E1_{32}} & J_{E1_{33}} & J_{E1_{34}} \\ J_{E1_{41}} & J_{E1_{42}} & J_{E1_{43}} & J_{E1_{44}} \end{bmatrix} \tag{5.27}$$

$$\boldsymbol{J}_{E2} = \begin{bmatrix} J_{E2_{11}} & J_{E2_{12}} & J_{E2_{13}} & J_{E2_{14}} \\ J_{E2_{21}} & J_{E2_{22}} & J_{E2_{23}} & J_{E2_{24}} \\ J_{E2_{31}} & J_{E2_{32}} & J_{E2_{33}} & J_{E2_{34}} \\ J_{E2_{41}} & J_{E2_{42}} & J_{E2_{43}} & J_{E2_{44}} \end{bmatrix} \tag{5.28}$$

$$\boldsymbol{J}_{E3} = \begin{bmatrix} J_{E3_{11}} & J_{E3_{12}} & J_{E3_{13}} & J_{E3_{14}} \\ J_{E3_{21}} & J_{E3_{22}} & J_{E3_{23}} & J_{E3_{24}} \\ J_{E3_{31}} & J_{E3_{32}} & J_{E3_{33}} & J_{E3_{34}} \\ J_{E3_{41}} & J_{E3_{42}} & J_{E3_{43}} & J_{E3_{44}} \end{bmatrix} \tag{5.29}$$

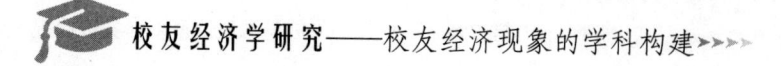

$$\boldsymbol{J}_{E4} = \begin{bmatrix} J_{E4_{11}} & J_{E4_{12}} & J_{E4_{13}} & J_{E4_{14}} \\ J_{E4_{21}} & J_{E4_{22}} & J_{E4_{23}} & J_{E4_{24}} \\ J_{E4_{31}} & J_{E4_{32}} & J_{E4_{33}} & J_{E4_{34}} \\ J_{E4_{41}} & J_{E4_{42}} & J_{E4_{43}} & J_{E4_{44}} \end{bmatrix} \quad (5.30)$$

$$\boldsymbol{J}_{E5} = \begin{bmatrix} J_{E5_{11}} & J_{E5_{12}} & J_{E5_{13}} & J_{E5_{14}} \\ J_{E5_{21}} & J_{E5_{22}} & J_{E5_{23}} & J_{E5_{24}} \\ J_{E5_{31}} & J_{E5_{32}} & J_{E5_{33}} & J_{E5_{34}} \\ J_{E5_{41}} & J_{E5_{42}} & J_{E5_{43}} & J_{E5_{44}} \end{bmatrix} \quad (5.31)$$

$$\boldsymbol{J}_{E6} = \begin{bmatrix} J_{E6_{11}} & J_{E6_{12}} & J_{E6_{13}} & J_{E6_{14}} \\ J_{E6_{21}} & J_{E6_{22}} & J_{E6_{23}} & J_{E6_{24}} \\ J_{E6_{31}} & J_{E6_{32}} & J_{E6_{33}} & J_{E6_{34}} \\ J_{E6_{41}} & J_{E6_{42}} & J_{E6_{43}} & J_{E6_{44}} \end{bmatrix} \quad (5.32)$$

$$\boldsymbol{J}_{E7} = \begin{bmatrix} J_{E7_{11}} & J_{E7_{12}} & J_{E7_{13}} & J_{E7_{14}} \\ J_{E7_{21}} & J_{E7_{22}} & J_{E7_{23}} & J_{E7_{24}} \\ J_{E7_{31}} & J_{E7_{32}} & J_{E7_{33}} & J_{E7_{34}} \\ J_{E7_{41}} & J_{E7_{42}} & J_{E7_{43}} & J_{E7_{44}} \end{bmatrix} \quad (5.33)$$

$$\boldsymbol{J}_{E8} = \begin{bmatrix} J_{E8_{11}} & J_{E8_{12}} & J_{E8_{13}} & J_{E8_{14}} \\ J_{E8_{21}} & J_{E8_{22}} & J_{E8_{23}} & J_{E8_{24}} \\ J_{E8_{31}} & J_{E8_{32}} & J_{E8_{33}} & J_{E8_{34}} \\ J_{E8_{41}} & J_{E8_{42}} & J_{E8_{43}} & J_{E8_{44}} \end{bmatrix} \quad (5.34)$$

$$\boldsymbol{J}_{E9} = \begin{bmatrix} J_{E9_{11}} & J_{E9_{12}} & J_{E9_{13}} & J_{E9_{14}} \\ J_{E9_{21}} & J_{E9_{22}} & J_{E9_{23}} & J_{E9_{24}} \\ J_{E9_{31}} & J_{E9_{32}} & J_{E9_{33}} & J_{E9_{34}} \\ J_{E9_{41}} & J_{E9_{42}} & J_{E9_{43}} & J_{E9_{44}} \end{bmatrix} \quad (5.35)$$

$$\boldsymbol{J}_{E10} = \begin{bmatrix} J_{E10_{11}} & J_{E10_{12}} & J_{E10_{13}} & J_{E10_{14}} \\ J_{E10_{21}} & J_{E10_{22}} & J_{E10_{23}} & J_{E10_{24}} \\ J_{E10_{31}} & J_{E10_{32}} & J_{E10_{33}} & J_{E10_{34}} \\ J_{E10_{41}} & J_{E10_{42}} & J_{E10_{43}} & J_{E10_{44}} \end{bmatrix} \quad (5.36)$$

$$\boldsymbol{J}_{E11} = \begin{bmatrix} J_{E11_{11}} & J_{E11_{12}} & J_{E11_{13}} & J_{E11_{14}} \\ J_{E11_{21}} & J_{E11_{22}} & J_{E11_{23}} & J_{E11_{24}} \\ J_{E11_{31}} & J_{E11_{32}} & J_{E11_{33}} & J_{E11_{34}} \\ J_{E11_{41}} & J_{E11_{42}} & J_{E11_{43}} & J_{E11_{44}} \end{bmatrix} \quad (5.37)$$

$$\boldsymbol{J}_{E12} = \begin{bmatrix} J_{E12_{11}} & J_{E12_{12}} & J_{E12_{13}} & J_{E12_{14}} \\ J_{E12_{21}} & J_{E12_{22}} & J_{E12_{23}} & J_{E12_{24}} \\ J_{E12_{31}} & J_{E12_{32}} & J_{E12_{33}} & J_{E12_{34}} \\ J_{E12_{41}} & J_{E12_{42}} & J_{E12_{43}} & J_{E12_{44}} \end{bmatrix} \quad (5.38)$$

$$\boldsymbol{J}_{E13} = \begin{bmatrix} J_{E13_{11}} & J_{E13_{12}} & J_{E13_{13}} & J_{E13_{14}} \\ J_{E13_{21}} & J_{E13_{22}} & J_{E13_{23}} & J_{E13_{24}} \\ J_{E13_{31}} & J_{E13_{32}} & J_{E13_{33}} & J_{E13_{34}} \\ J_{E13_{41}} & J_{E13_{42}} & J_{E13_{43}} & J_{E13_{44}} \end{bmatrix} \quad (5.39)$$

$$\boldsymbol{J}_{E14} = \begin{bmatrix} J_{E14_{11}} & J_{E14_{12}} & J_{E14_{13}} & J_{E14_{14}} \\ J_{E14_{21}} & J_{E14_{22}} & J_{E14_{23}} & J_{E14_{24}} \\ J_{E14_{31}} & J_{E14_{32}} & J_{E14_{33}} & J_{E14_{34}} \\ J_{E14_{41}} & J_{E14_{42}} & J_{E14_{43}} & J_{E14_{44}} \end{bmatrix} \quad (5.40)$$

$$\boldsymbol{J}_{E15} = \begin{bmatrix} J_{E15_{11}} & J_{E15_{12}} & J_{E15_{13}} & J_{E15_{14}} \\ J_{E15_{21}} & J_{E15_{22}} & J_{E15_{23}} & J_{E15_{24}} \\ J_{E15_{31}} & J_{E15_{32}} & J_{E15_{33}} & J_{E15_{34}} \\ J_{E15_{41}} & J_{E15_{42}} & J_{E15_{43}} & J_{E15_{44}} \end{bmatrix} \quad (5.41)$$

$$\boldsymbol{J}_{E16} = \begin{bmatrix} J_{E16_{11}} & J_{E16_{12}} & J_{E16_{13}} & J_{E16_{14}} \\ J_{E16_{21}} & J_{E16_{22}} & J_{E16_{23}} & J_{E16_{24}} \\ J_{E16_{31}} & J_{E16_{32}} & J_{E16_{33}} & J_{E16_{34}} \\ J_{E16_{41}} & J_{E16_{42}} & J_{E16_{43}} & J_{E16_{44}} \end{bmatrix} \quad (5.42)$$

其中，上述16个雅可比矩阵中的非零元素分别为：

$$\begin{cases} J_{E1_{11}} = U_{gov-join} - U_{gov-unjoin} = t \times (R_{e,0,i} - c_e) - c_g - R_{g,t} \\ J_{E1_{14}} = t \times (R_{e,0,i} - c_e) - c_g \\ J_{E1_{22}} = (1-\alpha) \times (R_{e,t,i} - c_e) - w_{e,t} - (1-\alpha) \times (R_{e,0,i} - c_e) + w_{e,t} \\ \qquad = (1-\alpha) \times (R_{e,t,i} - R_{e,t,0}) \end{cases}$$

$$\begin{cases} J_{E2_{11}} = U_{gov-join} - U_{gov-unjoin} = t \times (R_{e,0,i} - c_e) - c_g - R_{g,t} \\ J_{E2_{13}} = -t \times (R_{e,0,i} - c_e) - c_g \\ J_{E2_{44}} = [\zeta(1-\alpha) \times (R_{e,t,i} - c_e) - w'_{e,t}] \times \rho_{CE} \times [m^2 - (m-1)^2] \end{cases}$$

$$\begin{cases} J_{E3_{11}} = -R_{g,t} \\ J_{E3_{13}} = -[t \times (R_{e,0,i} - c_e) - c_g] \end{cases}$$

$$\begin{cases} J_{E4_{11}} = -R_{g,t} \\ J_{E4_{13}} = -[t \times (R_{e,0,i} - c_e) - c_g] \end{cases}$$

$$\begin{cases} J_{E5_{11}} = 2[t \times (R_{e,0,i} - c_e) - c_g] - R_{g,t} \\ J_{E5_{13}} = 2c_g - t \times (R_{e,0,i} - c_e) \\ J_{E5_{22}} = U_{entity-join} - U_{entity-unjoin} = (2\zeta + 1)(1-\alpha) \times (R_{e,t,i} - c_e) - \\ \qquad 3(1-\alpha) \times (R_{e,0,i} - c_e) - 3(w_{e,t} + w'_{e,t}) \end{cases}$$

$$\begin{cases} J_{E6_{11}} = U_{gov-join} - U_{gov-unjoin} = t \times (R_{e,0,i} - c_e) - R_{g,t} \\ J_{E6_{13}} = 0 - 0 + c_g - [t \times (R_{e,0,i} - c_e) - c_g] = 2c_g - t \times (R_{e,0,i} - c_e) \\ J_{E6_{13}} = 0 - 0 + c_g - [t \times (R_{e,0,i} - c_e) - c_g] = 2c_g - t \times (R_{e,0,i} - c_e) \\ J_{E6_{22}} = U_{entity-join} - U_{entity-unjoin} = -[(1-\alpha) \times (R_{e,0,i} - c_e) - w_{e,t}] \\ J_{E6_{22}} = U_{entity-join} - U_{entity-unjoin} = -[(1-\alpha) \times (R_{e,0,i} - c_e) - w_{e,t}] \\ J_{E6_{22}} = U_{entity-join} - U_{entity-unjoin} = -[(1-\alpha) \times (R_{e,0,i} - c_e) - w_{e,t}] \end{cases}$$

$$\begin{cases} J_{E7_{11}} = U_{gov-join} - U_{gov-unjoin} = \eta \times \zeta \times t \times (R_{e,t,i} - c_e) - c_g - R_{g,t} \\ J_{E7_{22}} = -(U_{entity-join} - U_{entity-unjoin}) = -\{[2\zeta(1-\alpha) \times (R_{e,t,i} - c_e) - w'_{e,t}] + \\ \qquad [(1-\alpha) \times (R_{e,t,i} - c_e) - w'_{e,t}]\} + 2[(1-\alpha) \times (R_{e,0,i} - c_e) - w_{e,t}] \\ J_{E7_{44}} = -(U_{union-accept,i} - U_{union-unaccept,i}) = -\{m^2 \times [\zeta(1-\alpha) \times (R_{e,t,i} - c_e) - w'_{e,t}] \\ \qquad \times \rho_{CE} - c_g\} + \{(m-1)^2 \times [\zeta(1-\alpha) \times (R_{e,t,i} - c_e) - w'_{e,t}] \times \rho_{CE} - c_g\} \\ \qquad = [m^2 - (m-1)^2][\zeta(1-\alpha) \times (R_{e,t,i} - c_e) - w'_{e,t}] \times \rho_{CE} \end{cases}$$

$$J_{E8_{11}} = U_{gov-join} - U_{gov-unjoin} = \eta \times \zeta \times t \times (R_{e,0,i} - c_e) - c_g - R_{g,t}$$

$$\begin{cases} J_{E9_{11}} = -(U_{gov-join} - U_{gov-unjoin}) = t \times (R_{e,0,i} - c_e) - c_g - R_{g,t} \\ J_{E9_{13}} = 0 - 0 + 0 - [t \times (R_{e,0,i} - c_e) - c_g] = -t \times (R_{e,0,i} - c_e) + c_g \\ J_{E9_{22}} = U_{entity-join} - U_{entity-unjoin} = [(1-\alpha) \times (R_{e,t,i} - c_e) - w_{e,t}] - [(1-\alpha) \times \\ \qquad (R_{e,0,i} - c_e) - w_{e,t}] = (1-\alpha) \times (R_{e,t,i} - R_{e,0,i}) \end{cases}$$

$$\begin{cases} J_{E10_{11}} = -(U_{gov-join} - U_{gov-unjoin}) = 0 - R_{g,t} \\ J_{E10_{13}} = 0 - [t \times (R_{e,0,i} - c_e) - c_g] - [t \times (R_{e,0,i} - c_e) - c_g] \end{cases}$$

$$\begin{cases} J_{E11_{11}} = -(U_{gov-join} - U_{gov-unjoin}) = -[t \times (R_{e,0,i} - c_e) - c_g] - \\ \qquad [t \times (R_{e,0,i} - c_e) - c_g] + R_{g,t} \\ \qquad = -2t \times (R_{e,0,i} - c_e) + 2c_g + R_{g,t} \\ J_{E11_{13}} = c_g - [t \times (R_{e,0,i} - c_e) - c_g] = -t \times (R_{e,0,i} - c_e) + 2c_g \\ J_{E11_{22}} = U_{entity-join} - U_{entity-unjoin} = 2[\zeta(1-\alpha) \times (R_{e,t,i} - c_e) - w'_{e,t}] - \\ \qquad 2[(1-\alpha) \times (R_{e,t,i} - c_e) - w_{e,t}] \end{cases}$$

$$\begin{cases} J_{E12_{11}} = -(U_{gov-join} - U_{gov-unjoin}) = -[t \times (R_{e,0,i} - c_e)] + R_{g,t} \\ J_{E12_{13}} = -[t \times (R_{e,0,i} - c_e)] + 2c_g \\ J_{E12_{22}} = U_{entity-join} - U_{entity-unjoin} = (1-\alpha) \times (R_{e,t,i} - R_{e,0,i}) - (w'_{e,t} - w_{e,t}) \end{cases}$$

$$\begin{cases} J_{E13_{11}} = -[t \times (R_{e,0,i} - c_e) - c_g] + R_{g,t} \\ J_{E13_{13}} = -[t \times (R_{e,0,i} - c_e) - c_g] \\ J_{E13_{22}} = -[(1-\alpha) \times (R_{e,t,i} - c_e) - w_{e,t}] + [(1-\alpha) \times (R_{e,0,i} - c_e) - w_{e,t}] \\ \qquad\quad = -[(1-\alpha) \times (R_{e,t,i} - R_{e,0,i})] \\ J_{E13_{44}} = U_{union-accept,i} - U_{union-unaccept,i} = [m^2 - (m-1)^2][\zeta \times (1-\alpha) \times \\ \qquad\quad (R_{e,t,i} - c_e) - w'_{e,t}] \times \rho_{CE} \end{cases}$$

$$\begin{cases} J_{E14_{11}} = -(U_{gov-join} - U_{gov-unjoin}) = -[\eta \times \zeta \times t \times (R_{e,t,i} - c_e) - c_g] + R_{g,t} \\ J_{E14_{22}} = -[\zeta \times (1-\alpha) \times (R_{e,t,i} - c_e) - w'_{e,t}] - [\zeta \times (1-\alpha) \times (R_{e,t,i} - c_e) - \\ \qquad\quad w'_{e,t}] + [(1-\alpha) \times (R_{e,0,i} - c_e) - w_{e,t}] + [(1-\alpha) \times (R_{e,0,i} - c_e) - w_{e,t}] \\ \qquad\quad = -2[\zeta \times (1-\alpha) \times (R_{e,t,i} - c_e) - w'_{e,t}] + 2[(1-\alpha) \times (R_{e,0,i} - c_e) - w_{e,t}] \\ J_{E14_{44}} = -(U_{union-accept,i} - U_{union-unaccept,i}) = -[m^2 - (m-1)^2] \times \\ \qquad\quad [\zeta \times (1-\alpha) \times (R_{e,t,i} - c_e) - w'_{e,t}] \times \rho_{CE} \end{cases}$$

$$\begin{cases} J_{E15_{11}} = -(U_{gov-join} - U_{gov-unjoin}) = -0 + R_{g,t} = R_{g,t} \\ J_{E15_{13}} = -[t \times (R_{e,0,i} - c_e) - c_g] \end{cases}$$

$$\begin{cases} J_{E16_{11}} = -(U_{gov-join} - U_{gov-unjoin}) = [\eta \times \zeta \times t \times (R_{e,0,i} - c_e) - c_g] - R_{g,t} \\ J_{E16_{22}} = -(U_{entity-join} - U_{entity-unjoin}) = -[(1-\alpha) \times (R_{e,t,i} - c_e) - w'_{e,t}] + \\ \qquad\quad [(1-\alpha) \times (R_{e,0,i} - c_e) - w_{e,t}] \end{cases}$$

据此，可得到矩阵 $\boldsymbol{J}_{E1}$ 至 $\boldsymbol{J}_{E16}$ 的特征值分别为：

$$\begin{cases} \lambda_{E1,1} = t \times (R_{e,0,i} - c_e) - c_g - R_{g,t} \\ \lambda_{E1,2} = (1-\alpha) \times (R_{e,t,i} - R_{e,t,0}) \\ \lambda_{E1,3} = t \times (R_{e,0,i} - c_e) - c_g \\ \lambda_{E1,4} = 0 \end{cases}$$

$$\begin{cases} \lambda_{E2,1} = t \times (R_{e,0,i} - c_e) - c_g - R_{g,t} \\ \lambda_{E2,2} = -t \times (R_{e,0,i} - c_e) - c_g \\ \lambda_{E2,3} = [\zeta(1-\alpha) \times (R_{e,t,i} - c_e) - w'_{e,t}] \times \rho_{CE} \times [m^2 - (m-1)^2] \\ \lambda_{E2,4} = 0 \end{cases}$$

$$\begin{cases} \lambda_{E3,1} = -R_{g,t} \\ \lambda_{E3,2} = -[t \times (R_{e,0,i} - c_e) - c_g] \\ \lambda_{E3,3} = 0 \\ \lambda_{E3,4} = 0 \end{cases}$$

$$\begin{cases} \lambda_{E4,1} = -R_{g,t} \\ \lambda_{E4,2} = -[t \times (R_{e,0,i} - c_e) - c_g] \\ \lambda_{E4,3} = 0 \\ \lambda_{E4,4} = 0 \end{cases}$$

$$\begin{cases} \lambda_{E5,1} = 2[t \times (R_{e,0,i} - c_e) - c_g] - R_{g,t} \\ \lambda_{E5,2} = 2c_g - t \times (R_{e,0,i} - c_e) \\ \lambda_{E5,3} = (2\zeta + 1)(1-\alpha) \times (R_{e,t,i} - c_e) - 3(1-\alpha) \times \\ \qquad (R_{e,0,i} - c_e) - 3(w_{e,t} + w'_{e,t}) \\ \lambda_{E5,4} = 0 \end{cases}$$

$$\begin{cases} \lambda_{E6,1} = t \times (R_{e,0,i} - c_e) - R_{g,t} \\ \lambda_{E6,2} = 2c_g - t \times (R_{e,0,i} - c_e) \\ \lambda_{E6,3} = -[(1-\alpha) \times (R_{e,0,i} - c_e) - w_{e,t}] \\ \lambda_{E6,4} = 0 \end{cases}$$

$$\begin{cases} \lambda_{E7,1} = \eta \times \zeta \times t \times (R_{e,t,i} - c_e) - c_g - R_{g,t} \\ \lambda_{E7,2} = -\{[2\zeta(1-\alpha) \times (R_{e,t,i} - c_e) - w'_{e,t}] + [(1-\alpha) \times (R_{e,t,i} - c_e) - w'_{e,t}]\} \\ \qquad + 2[(1-\alpha) \times (R_{e,0,i} - c_e) - w_{e,t}] \\ \lambda_{E7,3} = 0 \\ \lambda_{E7,4} = [m^2 - (m-1)2][\zeta(1-\alpha) \times (R_{e,t,i} - c_e) - w'_{e,t}] \times \rho_{CE} \end{cases}$$

$$\begin{cases} \lambda_{E8,1} = \eta \times \zeta \times t \times (R_{e,0,i} - c_e) - c_g - R_{g,t} \\ \lambda_{E8,2} = 0 \\ \lambda_{E8,3} = 0 \\ \lambda_{E8,4} = 0 \end{cases}$$

$$\begin{cases} \lambda_{E9,1} = t \times (R_{e,0,i} - c_e) - c_g - R_{g,t} \\ \lambda_{E9,2} = -t \times (R_{e,0,i} - c_e) + c_g \\ \lambda_{E9,3} = (1-\alpha) \times (R_{e,t,i} - R_{e,0,i}) \\ \lambda_{E9,4} = 0 \end{cases}$$

$$\begin{cases} \lambda_{E10,1} = -R_{g,t} \\ \lambda_{E10,2} = -2[t \times (R_{e,0,i} - c_e) - c_g] \\ \lambda_{E10,3} = 0 \\ \lambda_{E10,4} = 0 \end{cases}$$

$$\begin{cases} \lambda_{E11,1} = -2t \times (R_{e,0,i} - c_e) + 2c_g + R_{g,t} \\ \lambda_{E11,2} = -t \times (R_{e,0,i} - c_e) + 2c_g \\ \lambda_{E11,3} = 2[\zeta(1-\alpha) \times (R_{e,t,i} - c_e) - w'_{e,t}] - 2[(1-\alpha) \times (R_{e,t,i} - c_e) - w_{e,t}] \\ \lambda_{E11,4} = 0 \end{cases}$$

$$\begin{cases} \lambda_{E12,1} = -[t \times (R_{e,0,i} - c_e)] + R_{g,t} \\ \lambda_{E12,2} = -[t \times (R_{e,0,i} - c_e)] + 2c_g \\ \lambda_{E12,3} = (1-\alpha) \times (R_{e,t,i} - R_{e,0,i}) - (w'_{e,t} - w_{e,t}) \\ \lambda_{E12,4} = 0 \end{cases}$$

$$\begin{cases}\lambda_{E13,1} = -[t \times (R_{e,0,i} - c_e) - c_g] + R_{g,t}\\ \lambda_{E13,2} = -[t \times (R_{e,0,i} - c_e) - c_g]\\ \lambda_{E13,3} = -[(1-\alpha) \times (R_{e,t,i} - R_{e,0,i})]\\ \lambda_{E13,4} = [m^2 - (m-1)^2][\zeta \times (1-\alpha) \times (R_{e,t,i} - c_e) - w'_{e,t}] \times \rho_{CE}\end{cases}$$

$$\begin{cases}\lambda_{E14,1} = -[\eta \times \zeta \times t \times (R_{e,t,i} - c_e) - c_g] + R_{g,t}\\ \lambda_{E14,2} = -2[\zeta \times (1-\alpha) \times (R_{e,t,i} - c_e) - w'_{e,t}] + 2[(1-\alpha) \times \\ \qquad\qquad (R_{e,0,i} - c_e) - w_{e,t}]\\ \lambda_{E14,3} = 0\\ \lambda_{E14,4} = -[m^2 - (m-1)2] \times [\zeta \times (1-\alpha) \times (R_{e,t,i} - c_e) - w'_{e,t}] \times \rho_{CE}\end{cases}$$

$$\begin{cases}\lambda_{E15,1} = R_{g,t}\\ \lambda_{E15,2} = -[t \times (R_{e,0,i} - c_e) - c_g]\\ \lambda_{E15,3} = 0\\ \lambda_{E15,4} = 0\end{cases}$$

$$\begin{cases}\lambda_{E16,1} = [\eta \times \zeta \times t \times (R_{e,0,i} - c_e) - c_g] - R_{g,t}\\ \lambda_{E16,2} = 0\\ \lambda_{E16,3} = -[(1-\alpha) \times (R_{e,t,i} - c_e) - w'_{e,t}] + [(1-\alpha) \times (R_{e,0,i} - c_e) - w_{e,t}]\\ \lambda_{E16,4} = 0\end{cases}$$

求特征值的目的主要是讨论政府、单个企业、校友经济联盟、银行等金融机构这些节点的收益和成本之间的动态关系对它们决定是否加入校友经济联盟的行为模式的影响，从而最终决定整个校友经济网络的收益模式。据此，本部分接下来将继续分析动态博弈策略集。依据上述各个特征值算式，这里分如下四种情况进行讨论：

情况Ⅰ：政府基于理性考虑（前文已经预设政府是完全理性的）没有加入校友经济联盟，而单个企业加入了校友经济联盟中。由于政府不支持，所以银行不提供贷款，且校友经济联盟不愿意接纳。

情况Ⅱ：情况Ⅰ的其他条件都不变，只不过企业选择了不加入校友经济联盟。

情况Ⅲ：情况Ⅰ的其他条件都不变，只是政府因为理性地考虑到收益问题，加入了校友经济联盟，且校友经济联盟愿意接纳，但是银行仍然不愿意提供信贷。

情况Ⅳ：情况Ⅲ的其他条件都不变，只是银行此时愿意提供信贷。

上述四种情况可以用一个简单的一维向量来表示，即情况Ⅰ可以表示为：（不参与，参与，不参与，不接纳）。情况Ⅱ可以表示为：（不参与，不参与，不参与，不接纳）。情况Ⅲ可以表示为：（参与，参与，不参与，接纳）。情况Ⅳ可以表示为：（参与，参与，参与，接纳）。进一步计算16个局部均衡点在上述四种情况下的稳定性，结果如表5-4所示（其中"+"表示一致，"-"表示冲突）。

表 5-4　校友经济学节点动态演化博弈局部均衡点的分情况稳定形态

均衡点		E1	E2	E3	E4	E5	E6	E7	E8	E9	E10	E11	E12	E13	E14	E15	E16
情况Ⅰ	λ1	+	+	+	+	+	+	+	+	+	+	+	−	−	−	−	−
	λ2	−	+	+	+	+	+	+	+	+	+	+	−	+	+	+	+
	λ3	+	+	−	−	−	−	+	+	−	−	−	−	−	−	−	−
	λ4	+	+	−	−	+	+	−	−	+	+	−	−	+	−	−	−
	稳定性	不稳定	鞍点稳定	不稳定	不稳定	不稳定	不稳定	不稳定	不稳定	不稳定	不稳定	不稳定	进化稳定	不稳定	不稳定	不稳定	不稳定
情况Ⅱ	λ1	+	+	+	+	+	+	+	+	+	+	+	+	+	+	+	+
	λ2	+	+	+	+	+	+	+	+	+	+	+	+	+	+	+	+
	λ3	+	+	+	+	−	−	−	−	+	+	+	+	−	−	−	−
	λ4	+	+	+	−	+	−	+	−	+	−	+	−	+	−	+	−
	稳定性	鞍点稳定	不稳定	不稳定	不稳定	不稳定	不稳定	不稳定	不稳定	不稳定	不稳定	不稳定	不稳定	不稳定	不稳定	不稳定	进化稳定
情况Ⅲ	λ1	−	−	−	−	−	−	−	−	+	+	+	+	+	+	+	+
	λ2	−	−	−	+	−	−	+	+	−	−	−	+	+	+	+	+
	λ3	−	−	+	+	+	+	+	+	−	−	−	−	+	+	+	+
	λ4	−	+	−	+	−	+	+	+	−	+	−	+	−	+	−	+
	稳定性	不稳定	不稳定	进化稳定	不稳定	不稳定	不稳定	不稳定	不稳定	不稳定	不稳定	不稳定	不稳定	不稳定	鞍点稳定	不稳定	不稳定
情况Ⅳ	λ1	−	−	−	−	−	−	−	−	+	+	+	+	+	+	+	+
	λ2	−	+	−	−	+	+	−	−	−	−	+	+	−	−	+	+
	λ3	−	−	+	−	+	−	+	+	−	−	−	−	+	−	+	+
	λ4	−	−	−	+	+	+	+	−	−	+	+	−	+	−	+	+
	稳定性	进化稳定	不稳定	不稳定	不稳定	不稳定	不稳定	不稳定	不稳定	不稳定	不稳定	不稳定	不稳定	不稳定	不稳定	不稳定	鞍点稳定

从表 5-4 中我们可以看出，在上述针对 16 个局部均衡点的 64 种情况下，鞍点稳定点总共有 4 个，其中每个情况下有一个鞍点稳定点，分别是情况Ⅰ下的 E2、情况Ⅱ下的 E1、情况Ⅲ下的 E14 和情况Ⅳ下的 E16。进化稳定点（ESS）总共有 4 个，其中每个情况下也有一个进化稳定点，分别是情况Ⅰ下的 E12、情况Ⅱ下的 E16、情况Ⅲ下的 E3 和情况Ⅳ下的 E1。结合鞍点稳定点和进化稳定点可知，凡是校友经济网络节点间结合得足够紧密的局部均衡点大都处于鞍点稳定或者进化稳定上。同时我们也注意到，不稳定点总共有 56 个，进一步说明加强校友经济节点间的联盟关系，整合和协同各方的战略型资源是十分必要的。

上述分析中我们只是结合动态演化博弈理论的基本原理，从理论上对校友经济网络的必要性进行了论证，因为篇幅所限，本章仅以银行对企业放贷这一事例为主要研究对象，系统地分析了不同情况下节点对于校友经济联盟的参与、兴趣程度对于网络总收益和个人收益的影响。另外必须指出，类似本章的银行信贷意愿因企业和政府是否参与校友经济联盟，以及校友经济联盟是否愿意接纳，进而影响到网络福利的案例，还可以有多重版本，并有着很多与此类似的场景分析。本部分的理论分析只是提供一个可参照的基础性架构，但不排除遗漏和不完善之处。在日后需要本书作者以及更多的经济科学工作者持续加以改进，以期形成独特的校友经济学的标准研究范式。

第二节　高校教育资源、经济发展水平影响校友经济的实证检验

校友经济通常是指在校友的社会活动中以母校为核心，通过母校、校友与社会三维关系之间所产生的物质、文化、人才等方面的交流，给母校、校友和社会带来可观收益的经济活动。跟数字经济、共享经济一样，校友经济是一种以校友关系为纽带，带动高端人才和高技术产业集聚的一种新的经济业态。校友之间天然的凝聚力和信任度，使得沟通成本大幅度降低，合作效率大幅度提升。2017年武汉市率先打造了"百万校友资智回汉工程"，明确以校友经济为主题开展招商引资活动，产生了突出的经济效果。随后，西安、南京等一些高校资源较丰富的地区纷纷跟进，积极发展校友经济。时至今日，发展校友经济已经成为国内众多高校推进校企合作、服务区域经济的重要途径。由此可见，校友经济的发展与高校资源丰富度息息相关。一般而言，高校作为校企合作的直接参与方，高校资源越丰富，高校参与校企合作就越多，校友经济的发展就越突出。当然，作为校企合作的直接参与方，企业的数量与规模也与当地经济发展水平密不可分。一般而言，经济发展水平越高，企业的数量与规模就越大，校企合作间的壁垒就越小，因而企业和高校共同参与经济活动的频次越高，校友经济的发展也就越好。此外，校友经济的发展也与地方政府的政策支持息息相关。从各地区校友经济的发展来看，武汉、西安等校友经济取得突出经济效果的一个重要原因在于当地政府积极主导、参与和促进校企合作，并为此制定了诸如户籍、人才、创新创业等一系列优惠政策，从而确保校友放心回归、安心发展。然而，考虑到各地区的支持政策不同，且这种政策及其差异难以量化，因而本书暂不考虑各地区对校友经济发展的支持政策，仅从高校教育资源丰裕程度和经济发展水平两个角度来实证探究目标城市校友经济发展的影响因素。

一、数据与变量选取

（一）高校教育资源

高校数量在一定程度上反映了当地教育资源的充裕程度。高校数量越多，意味着当地教育资源越丰富，上大学的机会也就越大，对周边或者全国的虹吸效应也就越强。高校数量越多，毕业学生越多，校友也就越多，从而参与到校企合作中的可能性和规模也就越大。武汉、西安和成都均是教育资源较为丰富的地区，其校友经济的突出发展与之

密不可分。因此，本书将高校教育资源纳入影响因素之中，考虑到高校数量在一定程度上可以衡量当地的高等教育资源的丰裕度，且数据易获取，因而本书采用目标城市高校数量来衡量其教育资源的集中程度，并用 EDU 来表示。

（二）地区经济发展水平

经济基础决定上层建筑。一座城市的经济发展水平既决定了当地的商业环境、企业的数量规模及其集聚程度，也决定了当地教育资源的投入、企业的科研投入等水平。一方面，经济发展水平越高，当地政府对教育资源的投入就会越多，高等教育资源的利用效率和发展潜能就越高，对优秀人才的吸引也就越强；另一方面，经济发展水平越高，营商环境越好，企业的集聚和吸虹效应就越大，校企合作的可能性越高，成本也就越低，高校科研成果的转化效率也就越好。由此可见，经济发展水平必然会对校友经济的发展产生重要影响。据此，本书将经济发展水平纳入校友经济的影响因素之中，考虑到学者们一般都采用国内生产总值即 GDP 来衡量经济的发展水平，因而本书采用目标城市 GDP 作为地区经济发展水平的衡量指标，用 EDV 表示。

（三）校友经济发展

考虑到校友经济给母校、校友及社会带来的可观收益难以直接量化，而校友经济的发展与高校和企业两方密不可分，校企签约项目在一定程度上反映了校友经济活动的活跃和发展程度，因而本书采用目标城市高校校友经济活动相关项目的签约额度作为其代理指标，用 SYE 表示。

考虑到目标城市数据尤其是校友经济活动签约额的可获得性，本书采用目标城市 2018 年的高校数量、经济发展、高校校友活动签约额数据进行横截面回归来实证检验高校资源、经济发展对校友经济发展的影响。数据来源于目标城市的科技局、Wind 数据库，所有原始数据采用对数处理。

二、模型设计

为检验高校教育资源、经济发展对校友经济发展的影响，本书设计了如下的回归模型来检验它们之间的关系：

$$SYE = \alpha + \beta EDU + \lambda EDV + \varepsilon \tag{5.43}$$

其中，α 为常数项，β 和 λ 为回归系数，ε 为残差项，EDU 表示高等教育资源，EDV 表示地区经济发展水平。

三、描述性统计分析

在实证分析之前，有必要对各变量数据进行描述性统计分析，以初步掌握各指标变量的基本情况。表 5-5 展示了目标城市相关变量的描述性统计结果，校友经济发展的均值水平为 8.89，标准差为 0.47，最小值为 8.50，最大值为 9.55；高校教育资源的平均值为 4.17，标准差为 0.27，最小值和最大值分别为 3.85 和 4.51；地区经济发展水平均值为 10.67，标准差为 0.87，这意味着目标城市的经济发展水平存在较大的差异性。

表 5-5 变量的描述性统计结果

变量	均值	标准差	最小值	最大值	峰度	偏度
SYE	8.89	0.47	8.50	9.55	1.64	1.38
EDU	4.17	0.27	3.85	4.51	1.53	0.33
EDV	10.67	0.87	10.56	10.77	0.51	−0.16

四、相关性分析

在实证检验高校教育资源、地区经济发展水平与校友经济发展之间的关系之前，我们先对它们之间的关系进行相关性分析，以初步判断三者间的影响关系（见表 5-6）。

表 5-6 相关系数

	SYE	EDU	EDV
SYE	1	—	—
EDU	0.848 (0.152)	1	—
EDV	0.843 (0.157)	0.439 (0.561)	1

注释：括号中的数字为 p 值。

表 5-6 展示了校友经济发展、高校教育资源和地区经济发展水平三个变量之间的相关性结果。从表 5-6 中可以看到，高校教育资源与校友经济发展的相关系数为 0.848，地区经济发展水平与校友经济之间的相关性为 0.843，这表明高校教育资源和地区经济发展水平与校友经济发展之间存在较强的正相关关系，然而它们之间的这种正相关关系并不显著，至于实质性影响如何还有待进一步的实证检验。

五、实证结果与分析

为进一步检验高校教育资源、地区经济发展水平对校友经济发展的影响，本书采用 SPSS22.0 软件对其进行回归分析，其结果如表 5-7 所示。

表 5-7 高校教育资源、地区经济发展水平对校友经济发展影响的回归结果

变量	系数	标准误差	显著性	多重共线性诊断	
				容差	VIF
常数项	−28.85	4.58	0.10	—	—
EDU	1.03	0.15	0.09	0.81	1.238
EDV	3.14	0.45	0.09	0.81	1.238
模型拟合	$R^2=0.994$,调整后的 $R^2=0.983$;$F=87.471$,$p=0.075$				

表 5-7 展示了校友经济发展水平、高校教育资源两个变量影响校友经济发展的回归结果及其多重共线性诊断结果。根据回归模型多重共线性诊断结果可知,容差为 0.81,VIF 值为 1.238,表明本书构造的回归模型的解释变量间不存在多重共线性问题。同时,从回归模型的拟合性能可知,R^2 和调整后 R^2 分别为 0.994 和 0.983,F 值为 87.471,且在 10% 的水平下显著,表明本书构建的回归模型具有较优越的拟合能力。

进一步,从表 5-7 中的回归系数可以看到,高校教育资源对校友经济发展影响系数为 1.03,且在 10% 的水平下显著,表明高校教育资源对校友经济发展具有促进作用。直观地来看,具有较多高校数量的城市,尤其是科技优势和特色明显的城市,其高校参与校企合作和成果转化的基数也就越大。众多高校通过校企联合不仅可以增加学校科技成果转化的资金和社会支持,而且还能增强学校学生的实践能力,提高学校的知名度,而企业通过校企联合可以更好地借助于高校科技能力实现自身的发展。

当地经济发展对校友经济发展的影响系数为 3.14,同样在 10% 的水平下显著,表明地区经济发展水平对校友经济发展具有正向支撑作用。地区经济发展是地区科技、教育等方方面面发展的基础并起着决定性作用。依托于地区强大的经济实力,能够吸引更多的投资和资金支持,从而为地区教育、科技的发展提供强有力的保障。企业发展、教育与科研投入都离不开资金的支持,特别是对于一些初创企业而言,外部资金的支持尤为重要。

此外,对比系数大小可知,地区经济发展水平对校友经济发展的促进作用要大于高校教育资源对校友经济发展的促进作用,这意味着地区经济发展水平在校友经济发展过程中起着更为重要的作用。其原因可能在于高校教育的发展离不开强有力的资金支持,而地区经济发展水平是决定高校教育、科技、企业创新等的基础。

第三节 本章小结

本章首先基于动态演化博弈论模型,从具有校友关系特征企业的信贷融资角度出发,理论上论证了校友经济资源与网络的必要性和重要性;然后基于数据实证检验了高校教育资源、地区经济发展水平对当地校友经济发展的影响,结果发现:高校教育资源、地区经济发展水平均对其校友经济发展具有正向促进作用,且地区经济发展水平的促进作用大于高校教育资源的促进作用。

第六章 校友经济的发展对策

第一节 校友经济的发展准则

在大力发展校友经济的过程中,地方政府应注意结合城市发展的特点和定位,加强现有优势资源的整合,创造新的活力和效率。校友经济是一项系统工程,在实施过程中应注意以下准则。

一、挖掘优势,消除弊端

为了开展新的经济活动,地方政府必须改造和提升该地区的传统优势,并将其转化为新的发展机遇。确立创新观念,废除过时的规章制度,消除政府吸引投资和人才的弊端。挖掘潜在优势,将小优势转化为大优势,不断创造各种突破和创新的可能。

二、总体规划,完善制度

高校是培养校友资源的摇篮,校友不仅热爱母校,而且对母校所在的城市具有深厚的感情。校友资源的培养是一个持续的过程,在这个过程中不断循环、不断提升,才能迭代更优质的校友资源。因此,校友经济发展是一项长期的工作,校友经济的发展需要建立在长期、有计划、有序的激励机制和健全的制度管理基础上。

三、立足现在,着眼未来

校友经济的发展基于地方政府与大学之间生产与教育的整合以及校友对母校的感情。政府必须出台吸引投资和人才的政策,而高等学校必须与校友保持良好的情感联系和沟通,这是校友经济发展的重要环节。校友对学校的情感取决于学校和教师在学校期间的情感投入以及校友当前对学校的情愫和联系。因此,高校应重视校友文化的培养。

第二节 校友经济的发展路径

一、顶层设计层面

校友经济的发展主要取决于政府的顶层设计和体制创新。校友经济活动的最初发起者是政府，政府利用校友资源吸引投资，使大学、企业和政府共同成为城市创新的主体。武汉和西安的校友经济活动取得了广泛的资源合作并产生了巨大的社会影响，但每个城市都有不同的历史背景和发展需求，不能单纯复制。地方政府应根据当地情况，做好顶层设计，精心设计一套完整的政策支持体系。抓好机制创新，通过政府宏观政策进一步配置社会资本，创新实地政策和改善经济环境，进一步优化大学的自主协同创新机制，鼓励大学加入校友经济行列，积极主动做好校友经济，发挥协同作用，形成良性循环。

制定制度框架并完善政策体系。促进校友经济发展的体制或政策应该有一个完整的体系，可以包括主体政策和配套政策。促进校友经济发展的主体政策应包括《校友经济发展规划》《关于促进校友经济发展的意见》等。促进校友经济发展的配套政策应包括《促进校友经济发展的税收优惠办法》《促进校友经济发展的财政补贴办法》《促进校友企业技术研发的若干措施》等。制度框架的建立和政策体系的完善为校友经济的实施提供制度依据，一方面，可以以制度的形式将发展校友经济作为城市的一项战略任务和长期任务固定下来，避免半途而废，这样也能给各类主体一个稳定的预期，尤其是区县政府和各校友企业也能够从长远出发进行规划和设计，而不是事事观望或者游移不定。另一方面，完善配套政策可以使校友经济的各种行为有充分根据，避免各职能部门事事请示或者各自为政，甚至出现政策混乱、进退失据或临阵失策的局面。

科学制定总体规划。科学的顶层设计可以保证校友经济发展的正确方向，合理的总体规划有利于为校友经济发展维持良好的秩序，也有利于形成良好的整体营商环境。顶层设计的内容包括校友经济的理想形式和预期效果、可持续发展路径以及相匹配的组织体系。统筹规划包括校友招商与当前的招商体系如何对接，政府职能部门、区县和高校的职责如何厘定，引入校友技术、资本等资源的行政主体与城市的产业布局如何衔接，职能部门的多头管理和职责错位的问题如何解决，职能部门、地方政府和高校的职能如何协调，重点投资项目与日常业务之间如何平衡与协调，不同政策之间的冲突如何处理等。

二、城市发展层面

构建校因城兴、城因校强的共生共赢的城校关系。长期以来，对高校与城市关系的考察侧重于文化融合、规划融合、历史关联和精神传承，而从经济关系角度则聚焦于产业融合。在知识经济时代，这种视野需要颠覆性突破。高校是一座城市经济发展进程中特殊的组成部分，能给城市提供优质的人才支持、创新的科技支撑和丰厚的资金引进。经济基础决定上层建筑，一座城市的核心竞争力最终取决于城市经济文化的繁荣程度，而高校则是城市经济文化的繁荣与发展的基础力量和文化支撑点。政府提供服务和政策，高校输出科技成果和高端人才，校友企业家带来资本和产业，三者螺旋式交叉和深度融合，通过互惠互利的共赢发展路径，真正形成利益共同体和命运共同体，从而构建校因城兴、城因校强的共生共赢的城校关系。

评估整体实力，做到精准对接。要让校友带来的资本、技术等落地生根，为城市的经济发展注入动力和活力，则必须将校友资源利用得恰如其分，对接得恰到好处，这就需要对城市当前的产业结构、资源实力、经济区布局等进行专业评估。一要评估城市的产业结构，确定亟需优化产业结构、促进产业结构高度化的产业类型及相关企业，为校友资源的引入确定优先次序、制定可行性方案；二要评估城市的资源实力，首先评估财力、物力等物质资源丰富度是否具备支撑优惠政策或奖励政策落实的条件，其次评估人力资源的行为能力（比如是否具备谈判、执行等能力），保证各个政策和项目落实的效果；三要评估各个经济区布局的合理性，以便充分发挥校友资源调整经济区功能布局的作用，同时也为其有针对性地落地做好准备；四要评估城市空间、基础设施、城市生态系统的承载力，评估当前的城市空间、基础设施、生态系统是否能满足校友经济进入和发展的要求，避免出现"贪多嚼不烂"的现象；五是评估城市的承载力，要密切关注城市重大危险源的种类、分布及发生概率，提前做好预案和防灾措施，保证校友经济发展的安全性。

三、校友资源开发层面

提高人才培养质量和校友跟踪服务质量。人才培养质量和校友跟踪服务质量关系到校友自身资本（知识、能力等）的累积以及毕业后与母校的情感维持。大学校友对母校的感激和信任，不仅是因为曾经在校学习和工作，还在于校友与高校平台之间的平等合作与互惠。高校校友的工作必须从在校学生开始着手，在教育过程中要对受教育者进行全方位的关怀和关心，让校友对学校产生情感认同和积极反馈，才能转化为内在的归属感和服务意识，为校友帮助母校提供渠道和动力。

树立科学的校友经济发展观，弘扬校友的服务意识。一是要由感性认识上升到理性认识，充分认识母校与校友之间的相互需求，为学校自身的发展和校友个人目标价值的实现而服务，为学校和校友之间建立良好的联系和互动的桥梁；二要从单向需求转变为双向共赢，在组织上，提高校友会内部治理的规范性，转变校友会的开办方式，加强各地区校友会之间的互动，开展丰富多彩的文化交流活动；三要由高校重视转变为多方联动，为学校与地方之间的合作建立桥梁。地方党政机关和有关部门要形成良好的引导机制，提高高等学校的社会知名度，促进校友经济的全面发展。

建立畅通的信息渠道，提高沟通效率。要不断完善高校与校友、地方与校友之间的沟通渠道，完善校友信息资源数据库，将校友信息进行梳理、细分和优化，并及时更新和维护，促进各种形式的社会组织开展紧密的合作。适时告知校友关于母校的发展规划、发展方案甚至母校发展中遇到的困难，增强校友的主观能动性和参与感。

完善校友服务组织网络。强化高校校友总会联盟的枢纽地位，在市内、省外、海外建立校友服务活动中心，整合国内外高校校友资源，建立规范的联系服务机制，提高协调工作能力和服务校友的水平。除地域不断外延外，也要打破校际界限，或在特定行业举行特别会议，以创建校友团体发展的平台。

大力促进校友回馈文化，从物质纽带延伸到精神纽带。要促进校友经济向纵深发展，向精神层面延伸，并利用新媒体推广校友品牌，使校友成为城市的独特标识。共同策划校友文化主题活动，展示校友杰出成就，发展文化创意、现代金融、旅游度假、体育休闲等产业，建设校友活动基地和校友文化展示基地，使之成为促进校友创新创业精神的文化高地。

延伸拓展校友活动，创建校友经济升级版。与海外校友会、商会、华人协会和专业服务组织建立联系，共同组织校友国际特别活动，以促进校友联盟向海外发达地区扩展。地方政府应积极响应校友的要求，加强与高校和校友的对接，引导高校和校友在细分领域聚集发展，促使高校和城市构建价值共同体。同时，根据不同大学需求，在配套政策基础上追加区级配套，支持在相关区谋划建设校友总部园区、校友经济创新区、校友金融城。全力推进校友项目落地，建立全链条、全周期校友项目服务清单，定期向校友公布项目落地推进情况。

第三节　校友经济的发展方案

高校校友是伴随着高校的出现而产生的，是由高校所有师生员工、领导干部等构成的社会群体。在现代社会环境下高校校友资源是高校发展建设中十分宝贵的资源。从高校发展可利用的角度来看，高校校友资源是宝贵的智力资源、人力资源、信息资源、精神资源，对高校发展建设有着重要的作用。因此，高校要重视校友资源的管理与应用。高校校友资源管理与应用工作不能盲目开展，而是要基于校友对母校的归属感之上，力求实现校友与母校的互利共赢。

一、建设高校校友资源整合系统平台

在校友信息数据库的基础上，利用大数据思维与技术，建立高校校友资源整合系统平台，最大限度发挥大数据技术的优势。高校校友资源整合系统平台要涵盖高校数据库、校友信息管理系统以及手机客户端下的校友SNS（社交网络服务）互动系统与后台管理维护。

第一，高校校友资源整合系统平台设计理念。基于大数据思维下，基于高校内部信息孤岛与碎片化的局面，以长远的眼光考虑高校校友资源平台设计需要，构建与高校教务部门、学生管理部门相联合的一贯式信息格局，以实现学生从入学到毕业后所有数据

的完整采集。校友资源平台建设要实行实名制，建立基于实名制校友社交网络系统，不论是高校在校生抑或是已经离校的校友，都可以基于高校校友资源数据库中的信息，通过海量简单数据系统快速验证以及部分遗漏数据提交人工验证相结合的方式，让校友平台实行实名注册与验证，并将相关信息录入至校友 SNS 数据库中。基于手机客户端 App 的开发与应用，就能够提供电子校友卡等一系列服务，这也是高校校友资源数据库与其他社交平台相比最大的优势，能够让高校校友实现线上、线下信息对称，便于沟通交流。

第二，高校校友资源整合系统平台功能设计。高校校友资源整合系统平台不仅要能在个人计算机上通过 WEB 浏览器来进行后台管理与访问，同时还要开发智能手机 App 客户端，供用户在碎片时间访问。校友可以在智能手机上下载客户端，在提供手机号码进行注册验证后，可以通过游客身份访问系统，浏览高校的公开信息。用户提供学号、姓名等相关信息，在经过系统的身份验证后就可以正式成为高校校友资源整合平台的用户，获取查阅高校校友相关信息查询的权限。通过手机客户端软件读取用户手机号码可以关联到用户通信录中的联系人，将其与校友数据库中的注册手机号进行匹配，则可以寻找到同班同学的名单。高校还可以通过将高校校友资源整合系统平台嵌入微信平台开展校友线上活动，通过报名采集信息，大范围收集数据，通过技术对接，数据将自动汇集更新上传到高校校友资源整合系统平台中。同时，基于不同校友资源的行业、兴趣、地域等共同点，能够智能关联校友平台中的好友，进一步加快学校校友会的建设。根据校友在高校校友资源整合系统平台中参加校友活动、浏览校友资讯的痕迹，通过大数据进行分析，可以实现精准的信息推送，以满足校友对交互信息的需求。

二、提高校友资源开发管理意识，健全制度建设

就高校领导来说，要充分意识到校友资源的重要性，主动带领学校开展校友工作，加大相关扶持力度，并学习国外良性运作模式——把校友捐赠作为高校募集办学经费的重要渠道。因此高校领导应把校友合理捐赠作为校友工作的重要指标进行考虑，以促进高校校友工作健康发展。除领导和校友工作者应当重视之外，教职工和广大学生也应该参与到校友资源的开发管理中，在各部门、院系设立校友事务部门的工作人员；在校友活动中，广大师生、校友纷纷担任志愿者，形成全校上下重视、参与校友管理的格局。建立健全校友资源管理工作的相关制度：建立校友工作评价制度，完善校友工作绩效考核体系，为工作突出者颁发奖励，激发校友工作人员的工作热情；完善相关管理机构，成立一个独立的专门管理校友资源的办公室，使其作为一个常设的职能机构来管理校友资源，独立型的校友工作机构可以更好地整合校友资源，规范开发和管理校友资源。

三、全方位发挥校友的推动作用，充分开发校友资源

充分发挥校友资源的作用，为开发和管理校友资源寻找突破口。举办新形式的校友活动是凝聚校友、挖掘校友资源的有效措施。举办校友活动应根据校友不同的群体特

点，创新校友活动形式，如举办行业商会、文体类俱乐部、专业论坛、校友爱心工程等活动吸引更多优秀校友，充分发挥资深教师和名师召集校友的能力，吸引教育、金融、IT等各个领域的精英校友。这些杰出校友对母校的关注、赞誉能够加大对母校的宣传力度和社会影响力，进而拓展母校的招生平台；优秀校友为学校重大决策的制定出谋献策，必能将规划做得更加精益求精；校友的资助促使母校将研究成果服务社会，高效创造财富的同时也实现了校友的自我价值，形成双赢。充分发挥校友的推动作用并挖掘校友资源，可为学校的中心工作提供切实可行的服务。

四、校企通力合作，整合开发校友资源

为了更好地开发和利用校友资源，高校可与校友自主企业或所在企业通力合作，共同投入人力、物力和财力，帮助在校学子成长成才。首先，建立校企合作的校办模式。充分利用校友单位的条件合作办学，提供人才与专业培训，为学生提供教学实习基地，为校友继续学习提供帮助，并与校友单位联合培养人才。其次，实行行业办学模式。学校实行行业管理，校友企业自主办学。企业可以成为校企合作的主要组织者和管理者之一，全方位参与人才培养。根据企业需要，以行业素质为基础，改革人才培养模式，以适应行业发展。这种模式下，高校可解决学生实训和就业问题，在提高学校就业率的同时，又为企业提供人才资源，并不断开拓市场，甚至可向国内外合作方向发展。

五、健全校友资源整合的组织保障机制

社会资本存在于人与人、组织与组织的关系结构中，无论是人或者组织都是特定文化中的人和组织。在我国现行的教育体制中，国家财政对高校资助经费的数额既受国家生产总值的制约，同时也与高校的办学规模相关。但高校通过社会关系网络汲取的社会资本则不受外部组织因素牵制，而与高校的内部组织和经营机制相关，是高校创新发展机制的着力点。从校友资源的整合角度来看，首先要强化校友和母校的联系频度，把校友会构建成具有强大磁场效应的"结构洞"，最大化地吸附优质校友资源。

结构洞理论是社会资本理论的重要内容之一。结构洞理论认为，如果一个个体或组织占据了网络中的结构洞，即联系着相互之间没有直接联系的两个个体或组织，那么该个体或组织就获得了控制信息和资源的优势。在高校校友资源开发中，校友会就处于结构洞的优势位置，是具有特殊优势的联结点。所以，健全校友会组织机构和工作机制、努力发挥校友会的优势是开发校友资源的基础，这是由校友会特殊的结构洞位置决定的。校友会对学校与校友双方所拥有的资源都具有优先的知情权、选择权和使用权。如果高校能够利用校友会这一重要联结点，发挥校友会范围广、资源多的优势，就能够把校友这一重要资源整合到自己的资源储备库之中，就能充分发挥校友资源的优势作用，实现校友资源的价值增值。

运行良好的高校校友会具有强大的组织协调能力、联络沟通能力、咨询服务能力、开发校友资源的能力、可持续汲取社会资本的能力以及实现社会资本的增值能力。国外

高校在通过校友会整合校友资源、挖掘校友潜力方面积累了许多成功经验，最重要的是有专业精良的组织机构，包括强有力的领导机构、专业精干的执行团队、完备的院系二级筹款体制、充满活力的奖励机制。我国内地高校成立最早、筹款最多、机制完备的当数北京大学校友会。北京大学校友会可以追溯到1919年，即京师大学堂成立21周年之际"北京大学留美同学会"在纽约成立，以"增进同学友谊，交换专门知识"为宗旨。20世纪20年代，北京大学校友组织从美国、欧洲延伸到上海、北京、南京等地，此时的北京大学校友活动相当活跃，但是处在自发零散的状态，组织不健全，规模不大且力量分散，对校友的服务能力也有限。新中国成立以后到改革开放前后，校友会在很长一段时间内处于沉寂之中。1992年北京大学校友会正式在民政部注册，成为独立法人。1999年北京大学百年校庆之后，学校审时度势，组建了独立的校友工作办公室，成为独立社团法人，设立名誉会长、顾问委员会委员、会长、副会长、理事会理事、秘书长等职位；并在全球设立了数百个校友分会、行业校友分会。这为北京大学校友会在新时期的快速发展注入了全新的活力。

六、强化校友资源整合的文化牵引机制

创新整合校友资源的策略，应当强化获得母校认同的文化牵引机制。对于校友来说，对于母校的情怀多数是感恩型的，而且随着年龄的增长、职位的上升和事业上的成功，这种情感会越发浓厚，回报母校的意愿就会更强烈。因此，校友捐赠并不是简单的财物赠予行为，它更蕴含着深刻的文化内涵，是某种思想和精神的灵魂寄托。美国社会发达的慈善事业就源于其独特的捐赠文化——"互济文化"。将社会资本与校园文化相结合，融入校友群体，形成校友群体中绝大多数人认可的价值观体系和文化资源，达成精神层面建设母校、发展母校的共识，这也是高校吸纳社会资本的核心理念所在。可见，通过一些重要的事件策划来催发校友的母校情结，开设校友讲坛，让校友参与学校发展的重大规划，发挥"智库"作用，大力宣传校友的成功事迹，特别是在知名校友与在校师生的互动中扩展校友资源的精神增值途径，能够带来更多的捐赠回报。

我国许多高校的校园文化建设已进入"智慧校园""智库校园"模式，突出校园特色，容纳精英文化，为校友们带来了美的享受、创造力的激发和高层次的文化体验。当高校与校友之间建立起一种不断互惠、自由共享和交流的文化，彰显出大学特性、凸显大学的学术水平、社会贡献时，校友与母校之间的沟通与合作、给予和付出也就成为一种自觉习惯。

高校的形象与声誉也是校园文化建设的重要工程。社会资本理论认为社会资本是声誉的聚集，投资于声誉可以减少交易成本，有助于打破进入各种生产和交易关系的障碍。良好的声誉对于高校吸引和保持优质生源、优质教学科研队伍，吸引社会各界及校友捐赠，校企合作等领域都具有十分积极的作用。在筹资艺术上，高校筹款不是去讨钱，不能靠强调自己贫穷而博取别人的怜悯，这不是支撑长远发展的好办法，应该把自己最好的东西拿出来宣传，告诉大家我们所做的就是将来社会需要的，我们有能力完成这些工作。可见，高校吸纳社会资本、接受社会捐赠更能拓展高校的人际网络，促进高

校与社会的横向联系，扩大高校的社会影响力、知名度、美誉度。

七、构建校友资源整合的互惠共赢机制

互惠是维系行动者之间关系的一条重要原则。哈佛大学教授罗伯特·特里弗斯于1971年提出的互惠利他理论指出，非亲缘利他行为以互惠为基础，即合作是因为期望良好行为所耗费的成本，可以为日后回报行为带来的利益补偿。社会资本主要通过频繁的情感行动或理性的工具行为而得以维持，人们的关系是随着自身主观努力而扩展的。可以说在现代社会，人的行为更多的是一种互惠性的交换资源的过程。从工具性的分析来看，互惠规则也是促进捐赠行为的重要动力，正是这些正式或非正式的互惠规则保持着筹款机制的持久活力。

做到互惠需要利用高校作为协同创新的载体与平台，与各专业领域的校友所在机构建立长期的社会服务机制，无疑是最优的选择。比如在合作办学、人才培养、科技创新合作等方面迈出更大步伐，开展多层次、宽领域的国际交流与合作等，在充分汇聚现有资源的基础之上，还可以积极吸纳社会多方面的支持和投入。高校可以利用雄厚的师资力量、先进的科研设备为校友在继续教育、创业就业、信息共享等方面开展服务。推动母校与校友、母校与地方政府等之间的产学研合作，可以促成校友、母校与社会"三位一体"共同和谐发展。学校与校友互通信息、研以致用、协同创新、互相扶持，所产生的效益是多元的，是互利共赢、持续长久的。

校友与母校之间的精神和物质交往是永存的。每一个知名校友都是母校向社会发出去的名片，校友也是母校与社会进行沟通的纽带和桥梁，为母校在社会上争取到了各种"门票""优惠券"。校友支持母校、母校帮助校友能够为企业树立公众形象（扶贫、助学、奖学金等），提升企业运营效率。目前，国内一批知名高校，通过MBA、EMBA的毕业学员，建立起的"校友企业家联盟"，为高校社会资本注入了新的活力。通过"众筹"、创业联盟、品牌基金、筹资项目的设立，提升了高校的社会知名度，整合高校社会资源，增强筹资竞争力。通过企业家联盟，校友企业家们群策群力、资源对接，不仅成为孕育校友商界领袖的摇篮，也为学校发展带来了机遇。因此，国内高校要真正转变办学观念，借鉴国际一流大学整合校友资源的成功经验，结合各自办学特点和校友资源的特色优势，突出社会资源整合的价值导向，增强校友是公共社会资本的意识，从而达到互惠共赢的目的。

综上，以"新时代校友经济"的概念为出发点，建立"政府－学校－校友"三位一体的新时代合作机制是我国校友经济发展的基本思路和重点方案。政府作为政策制定者和三位一体合作机制的推动者，一方面要建立健全当地招商引资、招才引智以及科技成果转化的工作机制，扮演好服务的提供者；另一方面，政府也需要动态监测当地产业的发展结构和发展模式，明确所需人才类型和技术种类，不乱用、不滥用校友和学校资源，树立良好的政府形象。政府方面还应加强对科学技术的保护力度，建立好项目评价体制，动态了解项目的进展情况，防范各类风险的到来。为校友企业和人才的进入减少政策壁垒，为当地经济发展提供有效资源，为学校高价值科技成果产业化提供政策保

障，做好"政府－学校－校友"三位一体合作机制的护航者。

一方面，学校作为科研技术和专业人才的输出方以及维系校友关系的核心，在不断完善本身的培养计划和科研体系外，还应搭建好校友平台，整合校友资源，充分挖掘校友发展需求和发展潜力，力求做到校友需求和政府需求的高度匹配；另一方面，学校要加强与政府的沟通交流，了解当地的实际需求，并且及时发现校地融合发展时产生的问题。学校还应重新审视人才外流的问题，探求吸引人才回归的有效可行方案，帮助政府完善招才引智、招商引资方面的政策制定，探索学校内部资源和社会资源的有机结合机制，在提高学生就业率和就业质量的同时建立好市场需求反馈机制，以促进学校高价值科研成果产业化的提升，促进当地产业多样化，进一步促进科研领域的提升，形成正向循环的新时代校友经济生态模式。

校友作为整个新时代校友经济的研究核心，不仅是能够推动学校所在地经济进一步发展的中心力量和政府政策的践行者，还是学校展现给社会的生动名片和帮助学校谋求新发展新突破的引擎动力。在政府政策的引领和母校召唤的同时，校友也应在对待各项有利政策时明确项目具体任务和资本投入等各项细节，做好前期各项调研工作，确保项目的可行性和企业落地发展的可持续性，降低信用风险。校友还应当做好新时代校友经济的执行榜样，为新业态经济树立良好的形象，为后辈做好带头作用。

第四节　本章小结

本章主要对中国特色校友经济的鲜明特性和发展路径进行总结。中国特色的校友经济跟中国高校快速发展和互联网社群壮大密不可分。2010年以后，以校友会及校友经济论坛为标志，国内校友经济活动进入活跃期。随着校友经济活动的逐步活跃，校友经济学的理论和实证研究日渐丰富，为形成校友经济学的正式学科地位提供了重要支撑。中国校友经济的发展应以挖掘优势、消除弊端、总体规划、完善制度、立足现在和着眼未来为准则，从顶层设计、城市发展和校友资源开发等层面寻找路径，建设高校校友资源整合系统平台，提高校友资源开发管理意识，健全制度建设，全方位发挥校友的推动作用。校企通力合作，健全校友资源整合的组织保障机制，强化校友资源整合的文化牵引机制，构建校友资源整合的互惠共赢机制。

附　录　部分高校校友会章程摘编

北京大学校友会章程

第一章　总则

第一条　本会定名为北京大学校友会。

第二条　本会是由北京大学校友自愿结成的全国性、联合性、非营利性社会组织。

第三条　本会的宗旨是：以马克思列宁主义、毛泽东思想、邓小平理论、"三个代表"重要思想、科学发展观和习近平新时代中国特色社会主义思想为指导思想和行动指南，始终坚持党的领导，把党的工作融入本会运行和发展全过程；加强校友之间及校友和母校之间的联系，激励校友发扬北京大学爱国、进步、民主、科学的优良传统，为母校建设发展、为中华民族伟大复兴作出贡献。本会遵守宪法、法律、法规和国家政策，践行社会主义核心价值观，遵守社会道德风尚。本会坚持中国共产党的全面领导，根据中国共产党章程的规定，设立中国共产党的组织，开展党的活动，为党组织的活动提供必要条件。

第四条　本会接受业务主管单位教育部和社团登记管理机关民政部的业务指导和监督管理。

第五条　本会住所设在北京市。

第二章　业务范围

第六条　本会的业务范围：

（一）联络和服务广大校友，加强校友间、校友和母校的交流；

（二）支持校友为母校发展、国家建设和社会进步作贡献；

（三）推动各类校友组织的发展建设；

（四）构建校友网络，通过刊物以及新媒体宣传母校和校友成就；

（五）符合本会宗旨的其他活动。

业务范围中属于法律法规规章规定须经批准的事项，依法经批准后开展。

第三章　会员

第七条　本会的会员种类为个人会员。

第八条　曾在北京大学（包括西南联合大学、燕京大学、中法大学、北京医科大学和院系调整时并入北京大学的其他高等学校）学习过，并且获得学业证书或者学位证书的人士，曾在学校被聘用过工作过的人士，拥护本会章程，自愿参加本会者，均可申请参加本会。

第九条　不符合第八条规定，但对北京大学的建设和发展作出较大贡献者或享有学校荣誉证书及荣誉称号的人士，经本会理事会或常务理事会批准，可成为本会名誉会员。

第十条　申请加入本会的会员，必须具备下列条件：

（一）拥护本会的章程；

（二）有加入本会的意愿。

第十一条　会员入会的程序是：

（一）提交入会申请；

（二）理事会或常务理事会讨论通过；

（三）由理事会或理事会授权的机构发给会员证。

第十二条　会员享有下列权利：

（一）本会的选举权、被选举权和表决权；

（二）参加本会组织的各项活动；

（三）对本会工作的批评建议权和监督权；

（四）退会自由。

第十三条　会员履行下列义务：

（一）遵守本会章程；

（二）执行本会决议；

（三）维护本会合法权益；

（四）按规定缴纳会费；

（五）向本会反映情况，提供会员个人信息等有关资料。

第十四条　会员会应书面通知本会。会员如果不按规定缴纳会费视为自动退会。

第十五条　会员如有严重违反本章程的行为，经理事会或常务理事会表决通过，予以除名。

第四章　组织机构和负责人产生、罢免

第十六条　本会的最高权力机构是会员代表大会，其职权是：

（一）制定和修改章程；

（二）选举和罢免理事；

（三）审议理事会的工作报告和财务报告；

（四）制定和修改会费标准；

（五）决定终止事宜；

（六）决定其他重大事宜。

第十七条　会员代表大会须有2/3以上的会员代表出席方能召开，其决议须经到会会员代表半数以上表决通过方能生效。

第十八条　会员代表大会每届四年，因特殊情况需提前或延期换届的，须由理事会表决通过，报业务主管单位审查并经过社团登记管理机关批准同意。但延期换届最长不超过一年。

第十九条　理事会是会员代表大会的执行机构，在会员代表大会闭会期间领导本会工作，对会员代表大会负责。

第二十条　理事会的职权是：

（一）执行会员代表大会的决议；

（二）选举和罢免会长、副会长、秘书长、常务理事；

（三）筹备召开会员代表大会；

（四）向会员代表大会报告工作和财务状况；

（五）决定会员的吸收和除名；

（六）决定办事机构、分支机构、代表机构和实体机构的设立、变更和终止；

（七）决定副秘书长、各机构主要负责人的聘任；

（八）领导本会各办事机构开展工作；

（九）制定内部管理制度；

（十）决定其他重大事项。

第二十一条　理事会须有2/3以上理事出席方能召开，其决议须到会理事2/3以上表决通过方能生效。

第二十二条　理事会每年召开一次，情况特殊的可采用通信形式召开。

第二十三条　本会设立常务理事会，常务理事会由理事会选举产生，在理事会闭会期间行使第二十条的第一、三、五、六、七、八、九项的职权，对理事会负责。常务理事人数不超过理事人数的1/3。

第二十四条　常务理事会须有2/3以上常务理事出席方能召开，其决议须经到会常务理事2/3以上表决通过方能生效。

第二十五条　常务理事会每半年至少召开一次，情况特殊的也可采用通信形式召开。

第二十六条　本会会长、副会长、秘书长必须具备下列条件：

（一）坚持党的基本路线、方针、政策，政治素质好；

（二）在校友中具有影响力和代表性；

（三）最高任职年龄一般不超过70周岁，且秘书长为专职；

（四）身体健康，能坚持正常工作；

（五）未受过刑事处罚；

（六）具有完全民事行为能力。

第二十七条　本会会长、副会长、秘书长如超过最高任职年龄的，须经理事会表决通过，报业务主管单位审查并经社团登记管理机关批准后方可任职。

第二十八条 本会会长、副会长、秘书长每届任期四年，任期最长不超过两届，因特殊情况需延长任期的，须经会员代表大会 2/3 以上会员代表表决通过，报业务主管单位审查并经社团登记管理机关批准后方可任职。

第二十九条 会长为本会法定代表人，如因特殊情况，经会长推荐，理事会同意，并报业务主管单位审查同意并经社团登记管理机关批准后，可以由副会长或秘书长担任法定代表人。聘任或向社会公开招募的秘书长不得任本会法定代表人。法定代表人代表本会签署有关重要文件。

本会法定代表人不兼任其他团体的法定代表人。

第三十条 本会会长行使下列职权：

（一）召集和主持理事会、常务理事会；

（二）检查会员代表大会、理事会和常务理事会决议落实情况；

（三）向会员代表大会、理事会和常务理事会报告工作。

第三十一条 本会秘书长行使下列职权：

（一）主持办事机构开展日常工作，组织实施年度工作计划；

（二）提名副秘书长及各办事机构的主要负责人，交理事会或常务理事会决定；

（三）决定办事机构专职工作人员的聘用；

（四）处理其他日常事务。

第三十二条 本会设立监事会，监事会是会员代表大会的监督机构，在代表大会闭会期间监督理事会，对会员代表大会负责。监事会成员 3 至 9 名，其中监事长 1 名。监事任期与理事任期相同。监事长年龄不超过 70 周岁，连任不超过两届。

第三十三条 监事的选举和罢免：

（一）由会员代表大会选举产生；

（二）监事的罢免依照其产生程序。

第三十四条 本会的负责人、理事、常务理事和本会的财务管理人员不得兼任监事。

第三十五条 监事会行使下列职权：

（一）列席理事会、常务理事会会议，并对决议事项提出质询或建议；

（二）对理事、常务理事、负责人执行本会职务的行为进行监督，对严重违反本会章程或者会员代表大会决议的人员提出罢免建议；

（三）检查本会的财务报告，向会员代表大会报告监事会的工作和提出提案；

（四）对负责人、理事、常务理事、财务管理人员损害本会利益的行为，要求其及时予以纠正；

（五）向业务主管单位、登记管理机关以及税务、会计主管部门反映本会工作中存在的问题；

（六）决定其他应由监事会审议的事项。

第三十六条 监事会每六个月至少召开一次会议。监事会会议须有 2/3 以上监事出席方能召开，其决议须经到会监事 1/2 以上通过方为有效。

第五章　资产管理、使用原则

第三十七条　本会经费来源：
（一）会费；
（二）北京大学或其他单位组织资助；
（三）社会捐赠；
（四）在核准的业务范围内开展活动和服务的收入；
（五）利息；
（六）其他合法收入。

第三十八条　本会经费用于本会章程规定的业务范围和事业发展，不在会员中分配。

第三十九条　本会建立严格的财务管理制度，做到会计资料合法、真实、准确、完整。

第四十条　本会配备具有专业资格的会计人员。会计不得兼出纳。会计人员必须进行会计核算，实行会计监督。会计人员调动工作或离职时，必须与接管人员办清交接手续。

第四十一条　本会的资产管理必须严格执行国家规定的财务管理制度，接受会员代表大会和财政部门的监督。资产来源属于国家拨款或者社会捐赠、资助的，必须接受审计机关的监督，并将有关情况以适当方式向社会公布。

第四十二条　本会换届或更换法定代表人之前必须进行财务审计。

第四十三条　本会的资产，任何单位和个人不得侵占、私分和挪用。

第四十四条　本会专职工作人员的工资和保险、福利待遇，参照国家对事业单位的有关规定执行。

第六章　章程的修改程序

第四十五条　本会会章修改，须经理事会表决通过后报会员代表大会审议。

第四十六条　本会修改的章程，须在会员代表大会通过后15日内经业务主管单位审查同意，并报社团登记管理机关核准后生效。

第七章　终止程序及终止后的财产处理

第四十七条　本会完成宗旨或自行解散或由于分立、合并等原因需要注销时，由理事会或常务理事会提出终止动议。

第四十八条　本会终止动议须经会员代表大会表决通过，并报业务主管单位审查同意。

第四十九条　本会终止前，须在业务主管单位及有关机关指导下成立清算组织，处理善后事宜。清算期间，不开展清算以外的活动。

第五十条　本会经社团登记管理机关办理注销登记手续后即为终止。

第五十一条　本会终止后的剩余财产，在业务主管单位和社团登记管理机关监督下，按国家有关规定，用于发展与本会宗旨相关的事业。

第八章　附则

第五十二条　本章程经 2018 年 12 月 1 日第九届会员代表大会第二次会议表决通过。

第五十三条　本章程的解释权属本会理事会。

第五十四条　本章程自社团登记管理机关核准之日起生效。

（资料来源：北京大学校友网，http://www.pku.org.cn/association/gzzd/xykzczd/79380.htm）

清华校友总会章程

（2021 年 1 月 22 日民政部核准生效）

第一章　总则

第一条　本会名称：清华校友总会。

第二条　本会是由清华校友自愿结成的全国性、联合性、非营利性社会组织。

第三条　本会的宗旨是：坚持以马克思列宁主义、毛泽东思想、邓小平理论、"三个代表"重要思想、科学发展观、习近平新时代中国特色社会主义思想为指导思想和行动指南，坚持中国共产党的全面领导，根据中国共产党章程的规定，设立中国共产党的组织，强化党组织的政治功能，开展党的活动，为党组织的活动提供必要条件。

本会依照《中国共产党章程》等有关规定建立党的组织，宣传和执行党的路线、方针、政策，领导工会、共青团等群团组织，教育管理党员，引领服务群众，推动事业发展。

本会遵守宪法、法律、法规和国家政策，践行社会主义核心价值观，弘扬爱国主义精神，遵守社会道德风尚，自觉加强诚信自律建设。

本会致力于加强国内外清华校友之间、校友与母校之间的联系和团结，服务广大校友，指导各分支机构的发展建设，广泛联系海内外清华校友组织，激励广大校友弘扬清华精神，为母校发展建设、为祖国统一和中华民族伟大复兴作出贡献。

第四条　本会接受业务主管单位教育部和社团登记管理机关民政部的业务指导和监督管理。

第五条　本会住所设在北京市。

第二章　业务范围

第六条　本会的业务范围：

（一）联络和服务清华校友；

（二）凝聚校友资源服务母校和国家的发展建设；

（三）指导各分支机构的发展建设，联系国内外清华校友组织；

（四）依照有关规定编辑出版《清华校友通讯》《水木清华》及有关校友资料，管理和维护清华校友网、清华校友邮箱和其他新媒体平台；

（五）为校友捐赠提供支持与服务，管理清华校友捐赠的奖/励学金等基金。

业务范围中属于法律法规规章规定须经批准的事项，依法经批准后开展。

第三章 会员

第七条 本会的会员种类为个人会员。

第八条 申请加入本会的会员，必须具备下列条件：

（一）清华校友，清华校友系在学校学习或工作过的师生员工和获得过学校名誉学位或荣誉职衔的人士；

（二）拥护本会章程；

（三）有加入本会意愿，并和总会以及有关校友组织取得联系。

第九条 符合以上条件，经与本会联系登记后，皆可成为本会会员。非本会会员而对清华大学的建设和发展作出较大贡献者，经本会理事会批准，可成为本会名誉会员。

第十条 会员享有下列权利：

（一）选举权、被选举权和表决权；

（二）参加本会的活动；

（三）获得本会服务的优先权；

（四）对本会工作的批评建议权和监督权；

（五）入会自愿、退会自由。

第十一条 会员履行下列义务：

（一）遵守本会的章程；

（二）执行本会的决议；

（三）完成本会交办的工作；

（四）维护本会合法权益；

（五）向本会反映情况，提供个人工作单位、联系方式等会员信息，以及其他有关资料。

第十二条 对违背本会宗旨或有碍本会名誉的会员，经理事会或常务理事会通过，予以取消或暂停其会员资格。

第四章 组织机构和负责人产生、罢免

第十三条 本会的最高权力机构是会员代表大会，会员代表大会的职权是：

（一）制定和修改章程；

（二）选举和罢免理事；

（三）审议理事会的工作报告和财务报告；

（四）制定和修改会费标准；

（五）决定终止事宜；

（六）决定其他重大事宜。

第十四条　会员代表大会须有 2/3 以上的会员代表出席方能召开，其决议须经到会会员代表半数以上表决通过方能生效。

第十五条　会员代表大会每届 5 年。因特殊情况需提前或延期换届的，须由理事会表决通过，报业务主管单位审查并经社团登记管理机关批准。延期换届最长不超过 1 年。

第十六条　理事会是会员代表大会的执行机构，在会员代表大会闭会期间领导本会开展日常工作，对会员代表大会负责。

第十七条　理事会的职权是：

（一）执行会员代表大会的决议；

（二）选举和罢免会长、副会长、秘书长、常务理事；

（三）筹备召开会员代表大会；

（四）向会员代表大会报告工作和财务状况；

（五）决定会员的吸收和除名；

（六）决定办事机构、分支机构、代表机构和其他所属机构的设立、变更和终止；

（七）决定副秘书长、各机构主要负责人的聘任；

（八）领导本会各机构开展工作，制定内部管理制度，审核各分支机构的管理办法；

（九）决定名誉职务的设立及人选；

（十）决定其他重大事项。

第十八条　理事会须有 2/3 以上理事出席方能召开，其决议须经到会理事 2/3 以上表决通过方能生效。

第十九条　理事会每年至少召开 1 次会议，情况特殊时，可采用通信形式召开。

第二十条　本会设立常务理事会，常务理事会由理事会选举产生，人数不超过理事人数的 1/3，在理事会闭会期间行使第十七条第一、三、五、六、七、八项的职权，对理事会负责。

第二十一条　常务理事会须有 2/3 以上常务理事出席方能召开，其决议须经到会常务理事 2/3 以上表决通过方能生效。

第二十二条　常务理事会至少每半年召开 1 次会议；情况特殊时，可采用通信形式召开。

第二十三条　本会会长、副会长、秘书长必须具备下列条件：

（一）坚持党的路线、方针、政策，政治素质好；

（二）在本会业务领域内有较大影响；

（三）会长、副会长最高任职年龄不超过 70 周岁，秘书长最高任职年龄不超过 60 周岁，秘书长为专职；

（四）身体健康，能坚持正常工作；

（五）未受过剥夺政治权利的刑事处罚；

（六）具有完全民事行为能力。

第二十四条　本会会长、副会长、秘书长如超过最高任职年龄的，须经理事会表决通过，报业务主管单位审查并经社团登记管理机关批准后方可任职。

第二十五条　本会会长、副会长、秘书长每届任期5年，连任不得超过两届。因特殊情况需延长任期的，须经会员代表大会2/3以上会员代表表决通过，报业务主管单位审查并经社团登记管理机关批准后方可任职。

第二十六条　本会会长为本会法定代表人。法定代表人代表本会签署有关重要文件。

因特殊情况，经会长委托，理事会同意，报业务主管单位审查并经社团登记管理机关批准同意后，可以由副会长或秘书长担任法定代表人。

本会法定代表人不兼任其他团体的法定代表人。

第二十七条　本会会长行使下列职权：

（一）召集和主持理事会、常务理事会；

（二）检查会员代表大会、理事会、常务理事会决议的落实情况。

第二十八条　本会秘书长行使下列职权：

（一）主持办事机构开展日常工作，组织实施年度工作计划；

（二）协调各机构开展工作；

（三）提名副秘书长以及各机构主要负责人，交理事会或常务理事会决定；

（四）决定各机构专职工作人员的聘用；

（五）处理其他日常事务。

第五章　资产管理、使用原则

第二十九条　本会经费来源：

（一）校友赞助；

（二）学校资助；

（三）捐赠；

（四）在核准的业务范围内开展活动和提供服务的收入；

（五）利息；

（六）其他合法收入。

第三十条　本会不收取会员会费。

第三十一条　本会经费必须用于本章程规定的业务范围和事业的发展，不得在会员中分配。

第三十二条　本会建立严格的财务管理制度，保证会计资料合法、真实、准确、完整。

第三十三条　本会配备具有专业资格的会计人员。会计不得兼任出纳。会计人员必须进行会计核算，实行会计监督。会计人员调动工作或离职时，必须与接管人员办清交接手续。

第三十四条　本会的资产管理必须执行国家规定的财务管理制度，接受会员代表大会和财政部门的监督。资产来源属于国家拨款或者社会捐赠、资助的，必须接受审计机关的监督，并将有关情况以适当方式向社会公布。

第三十五条　本会换届或更换法定代表人之前必须进行财务审计。

第三十六条　本会的资产，任何单位、个人不得侵占、私分和挪用。

第三十七条　本会专职工作人员的工资和保险、福利待遇，参照国家对事业单位的有关规定执行。

第六章　章程的修改程序

第三十八条　对本会章程的修改，须经理事会表决通过后报会员代表大会审议。

第三十九条　本会修改的章程，须在会员代表大会通过后 15 日内，经业务主管单位审查同意，并报社团登记管理机关核准后生效。

第七章　终止程序及终止后的财产处理

第四十条　本会完成宗旨或自行解散或由于分立、合并等原因需要注销的，由理事会或常务理事会提出终止动议。

第四十一条　本会终止动议须经会员代表大会表决通过，并报业务主管单位审查同意。

第四十二条　本会终止前，须在业务主管单位及有关机关指导下成立清算组织，清理债权债务，处理善后事宜。清算期间，不开展清算以外的活动。

第四十三条　本会经社团登记管理机关办理注销登记手续后即为终止。

第四十四条　本会终止后的剩余财产，在业务主管单位和社团登记管理机关的监督下，按照国家有关规定，用于发展与本会宗旨相关的事业。

第八章　附则

第四十五条　本章程经 2020 年 10 月 24 日第八届第四次会员代表大会表决通过。

第四十六条　本章程的解释权属本会理事会。

第四十七条　本章程自社团登记管理机关核准之日起生效。

（资料来源：清华校友网，https://www.tsinghua.org.cn/xyzh/zhzc.htm）

西南财经大学校友总会章程

第一章　总则

第一条　本会定名：西南财经大学校友总会。

第二条　本会是由西南财经大学校友自愿组成的联合性团体，属非营利性联谊组织。

第三条　本会的宗旨是：继承和弘扬西南财经大学优良传统，加强母校与校友、校友与校友之间的联谊与团结，鼓励校友在各自的事业中开拓奋进，共同为母校的建设与发展、为国家的繁荣与进步作出贡献。

第四条　本会主要任务：

（一）联络西南财经大学校友，为我国社会主义现代化建设事业、为母校的建设与发展贡献力量；

（二）加强与校友的联系，为校友服务，建立、完善、开发各类校友资源库，开展校友之间、校友与母校之间的文化、学术交流及联谊活动，聚集海内外校友力量，促进母校的建设和发展；

（三）收集整理校史资料、校友信息，编辑发放《校友通讯》杂志等；

（四）通过校友会专门网站及时向海内外校友通报母校建设发展动态，交流各地校友会的活动情况；

（五）开展有益于国家、有益于母校、有助于校友进步的其他各项非营利性活动。

第五条　本会接受教育部和民政部的业务指导和监督管理。

第二章　会员

第七条　凡遵守本会章程，有加入本会意愿，符合下列条件之一者，均成为本会会员：

（一）西南财经大学及其前身院校（光华大学、成华大学、四川财经学院、成都大学等）学习过的毕业生、肄业生、进修生、培训生（含全日制本科、研究生、专科及夜大、函大、自考、网络、留学生）等；

（二）曾在西南财经大学及其前身院校和附属单位任教、任职人员；

（三）西南财经大学授予和聘请的名誉教授、客座教授、兼职教授及其他兼职人员；

（四）在校学生和教职员工。

第八条　非本会会员，但对西南财经大学的建设和发展作出较大贡献以及愿意资助西南财经大学办学者，经本会理事会通过，可授予本会名誉会员资格。

第九条　会员享有下列权利：

（一）享有选举权和被选举权；

（二）参加校友会组织的各项活动；

（三）阅取本会送发的有关资料；

（四）入会自愿，退会自由。

第十条　会员履行下列义务：

（一）遵守本会章程、执行本会决定；

（二）积极参与校友会的工作和活动，维护本会的利益，积极为本会和校友服务；

（三）爱护母校声誉，为母校发展建言献力。

第三章　组织与机构

第十一条　本会设理事会，为最高议事机构。

理事名额原则按地区分配，由各地校友会通过协商推举产生，也可由校友总会推荐。每届理事任期五年，可连选连任。

在理事会中设常务理事，代表理事会行使职权，常务理事由理事会选举产生。

理事会设会长1人，副会长2人，秘书长1人（由副会长兼），副秘书长4~6人。

在任西南财经大学校长任本会会长。副会长、秘书长由会长提名，经常务理事会通过产生。

理事会可聘名誉会长。

第十二条　理事会的职责：

（一）听取并审议本会工作报告；

（二）对外代表本会，对内领导本会开展日常工作；

（三）讨论和确定本会的工作方针、计划及重大问题；

（四）确定理事会成员资格；

（五）解释和修改本章程；

（六）应履行的其他职责。

第十三条　原则上每五年召开一次理事会，每两年召开一次常务理事会。情况特殊时，也可采用通信方式召开理事会或常务理事会。

第十四条　理事会须有1/2以上理事出席方能召开，其决议须到会理事1/2以上表决通过方能生效。

第十五条　本会会长、副会长、秘书长必须具备下列条件：

（一）坚持党的基本路线、方针、政策，政治素质好；

（二）在校友中较有影响；

（三）会长、副会长最高任职年龄一般不超过75岁；

（四）身体健康，能坚持会章所规定的工作；

（五）未受过刑事处罚；

（六）具有完全民事行为能力。

第十六条　本会会长的职责：

（一）召集和主持理事会及常务理事会；

（二）检查理事会及常务理事会决议的执行情况；

（三）代表本会签署有关文件；

（四）应履行的其他职责。

第十七条　本会秘书长的职责：

（一）主持办事机构开展日常工作；

（二）组织实施年度工作计划；

（三）处理其他日常事务。

第十八条　本会设西南财经大学校友总会办公室，作为日常办事机构，其任务是：

（一）执行理事会决议；

（二）拟订校友总会工作计划；

（三）处理校友来信来访；

（四）编辑出版《校友通讯》等；

（五）完成理事会及常务理事会交办的其他工作。

第四章 资产管理

第十九条 本会经费来源：
（一）学校资助；
（二）校友捐赠；
（三）出版物收入；
（四）其他合法收入。
第二十条 执行国家和学校财务管理制度。

第五章 章程的修改程序

第二十一条 本会会章修改，须经常务理事会表决通过后报理事会审议。
第二十二条 本会修改的章程，原则上在理事会审议通过后生效。

第六章 终止程序及终止后的财产处理

第二十三条 本会如因各种原因需要注销时，由常务理事会提出终止动议。
第二十四条 本会终止动议须经理事会表决通过。
第二十五条 本会终止前，在学校的指导下成立清算组织，处理善后事宜。
第二十六条 本会终止后的剩余财产，在学校的监督下，按国家有关规定，用于发展校友联谊活动有关事业。

第七章 附则

第二十七条 本章程经本会理事会会议通过后施行。
第二十八条 本章程的解释权、修改权属本会理事会。

（资料来源：西南财经大学官网，https://xyzh.swufe.edu.cn/zhgk/zhzc.htm）

参考文献

[1] 安德鲁·肖特. 社会制度的经济理论 [M]. 陆铭, 陈钊, 译. 上海: 上海财经大学出版社, 2003.

[2] 蔡海敏, 张自力, 曾铮, 等. 基于数据仓库与联机分析技术的高考加分政策评估 [J]. 计算机科学, 2010, 37 (6): 223-225.

[3] 程苏安, 庄芳丽. 校友资源在高校学生就业工作中的作用 [J]. 经济研究导刊, 2020 (21): 175-176.

[4] 单春玲, 赵含宇. 社交媒体中商务信息转发行为研究——基于强弱关系理论 [J]. 现代情报, 2017, 37 (10): 16-22.

[5] 丁蕙, 陈风华, 肖云龙. 美国百森商学院创业教育的特点 [J]. 教育评论, 2004 (4): 98-100.

[6] 冯娇, 姚忠. 基于强弱关系理论的社会化商务购买意愿影响因素研究 [J]. 管理评论, 2015, 27 (12): 99-109.

[7] 冯雅. 中美高校图书馆捐赠比较研究 [D]. 湘潭: 湘潭大学, 2018.

[8] 高洪山. 美国大学如何筹措办学资金 [J]. 国际人才交流, 2000 (3): 43-44.

[9] 高圣洁. 马克思人的发展三形态理论探析 [D]. 开封: 河南大学, 2009.

[10] 高欣. 美国公立大学校友捐赠研究 [D]. 西安: 陕西师范大学, 2013.

[11] 顾艳艳. 高职院校校友资源开发管理方略谈 [J]. 经济师, 2021 (3): 179-181.

[12] 顾寅生, 宋桂兰. 开发校友资源促进学校发展 [J]. 教育探索, 2002 (3): 111-112.

[13] 郭樑. 论校友资源的育人功能: 以清华大学为例 [J]. 社会科学战线, 2005 (3): 327-328.

[14] 韩玺, 何秀美, 张玥, 等. 基于情景感知的图书馆移动视觉搜索服务设计研究 [J]. 图书馆学研究, 2017 (16): 63-68.

[15] 韩玺, 齐云飞, 朱庆华. 移动视觉搜索在国内图书馆应用的探索研究 [J]. 图书馆学研究, 2017 (7): 79-83.

[16] 何孟颖. 我国高校校友捐赠的现状、影响因素与对策研究 [D]. 成都: 西南交通大学, 2014.

[17] 贺美英, 郭樑, 钱锡康. 对高校校友资源的再认识 [J]. 清华大学教育研究, 2004 (6): 78-82.

[18] 侯东军. 我国高校校友捐赠现状及促进对策 [J]. 当代教育论坛, 2016 (4): 87-91.

[19] 胡乐明, 刘刚. 新制度经济学 [M]. 北京: 中国经济出版社, 2009.

[20] 胡蓉. 基于结构洞理论的个人人际情报网络分析系统研究 [D]. 重庆: 西南师范大学, 2005.

[21] 胡维佳. 普林斯顿大学年度校友聚会及启示 [J]. 世界教育信息, 2013, 26 (8): 31-36.

[22] 黄文辉, 刘敏文. 一流大学建设中校友工作的探索与实践 [J]. 清华大学教育研究, 2000 (3): 148-151.

[23] 亢晓梅, 齐兰芬. 学校现代慈善文化教育探讨 [J]. 当代青年研究, 2009 (10): 51-55.

[24] 雷滔, 陈向东. 区域校企合作申请专利的网络图谱分析 [J]. 科研管理, 2011, 32 (2): 67-73.

[25] 李秉强, 余静, 陈姣姣. 校友发展与高校提升协同的动态关联: 基于校友捐赠视角 [J]. 教育经济评论, 2021, 6 (2): 102-118.

[26] 李欢, 孙建三, 袁本涛. 基于校友数据库的高校人才培养质量控制系统模型 [J]. 高等工程教育研究, 2011 (2): 82-86.

[27] 李佳军. 高校数字化信息资源多维度聚合搜索服务与应用研究 [J]. 情报科学, 2017, 35 (4): 93-96.

[28] 李俊义. 高校与校友认同关系的类型、偏差及重建 [J]. 教育评论, 2017 (11): 45-49.

[29] 李平, 刘利利. 外部资助是否提升了中国高校科研效率 [J]. 科技进步与对策, 2015, 32 (18): 10-16.

[30] 李雨浓, 王博, 张永忠, 等. 校企专利合作网络的结构特征及其演化分析——以"985高校"为例 [J]. 科研管理, 2018, 39 (3): 132-140.

[31] 李玉琼, 程莹. 学生使用大学排名进行择校的原因与行为研究——基于上海四所"985"高校毕业后出国留学的学生调查 [J]. 清华大学教育研究, 2015, 36 (1): 88-95.

[32] 林天伦, 洪成文. 美国公立大学发展新理念与筹资战略有效性研究——以印第安纳大学为例 [J]. 比较教育研究, 2010 (5): 63-67.

[33] 林晓言, 陈静. 美国大学区域创新能力分析 [J]. 北京交通大学学报 (社会科学版), 2010, 9 (4): 78-83.

[34] 林晓言, 王红梅. 技术经济学教程 [M]. 北京: 经济管理出版社, 2005.

[35] 刘国巍, 阳正义. 区域产学研合作创新网络结构对知识扩散的影响——基于广西2000—2013年电子信息专利数据 [J]. 科技进步与对策, 2015, 32 (23): 36-42.

[36] 刘木林, 朱庆华, 赵宇翔. 基于关联数据的数字图书馆移动视觉搜索框架研究 [J]. 情报资料工作, 2016 (4): 6-10.

[37] 刘素军. 校友资源对高校的支持作用及管理对策 [J]. 中国农村教育, 2019 (32): 32-34.

[38] 卢现祥, 朱巧玲. 新制度经济学 [M]. 北京: 北京大学出版社, 2012.

[39] 陆志华. 大众化教育条件下高校校友工作的机制建设与创新 [J]. 中国校外教育, 2009 (10)：175-177.

[40] 罗公利, 杨选良, 李怀祖. 面向大学的社会捐赠行为的经济学分析 [J]. 经济理论与经济管理, 2007 (5)：37-42.

[41] 罗志敏, 苏兰. 论大学-校友关系中的校友捐赠表现 [J]. 现代大学教育, 2017 (4)：21-29.

[42] 罗志敏. 大学-校友关系的关系性研究 [J]. 浙江大学学报（人文社会科学版）, 2018, 48 (5)：118-132.

[43] 吕旭峰. 我国教育捐赠问题研究 [D]. 开封：河南大学, 2011.

[44] 马荣康, 李少敏. 地理距离阻碍大学-企业技术转移速度吗？——大学制度背景与研发网络嵌入的调节作用 [J]. 科学学与科学技术管理, 2019, 40 (11)：32-44.

[45] 冒巍巍, 陈方玺, 桑大伟. 高校地方研究院开发利用校友资源策略研究 [J]. 高教学刊, 2020 (18)：80-82+86.

[46] 梅芳. 捐赠基金对美国大学发展的影响与启示 [J]. 理工高教研究, 2007 (5)：51-53.

[47] 孟东军, 陈礼珍, 张美凤. 中美大学教育捐赠管理比较研究 [J]. 中国高教研究, 2005 (7)：53-55.

[48] 孟东军, 张美凤, 俞锋华. 社会捐赠在我国高教成本分担中的现状分析 [J]. 高等教育研究, 2002 (6)：50-52.

[49] 莫蕾钰, 李岩. 我国高校影响力对校友捐赠的影响路径探析——基于偏最小二乘法模型（PLS）分析 [J]. 中国高教研究, 2015 (3)：73-77.

[50] 潘懋元, 石慧霞. 论大学与校友的互动关系 [J]. 中国高等教育, 2020 (9)：10-12.

[51] 屈皓. 我国公立高校校友捐赠行为影响因素研究 [D]. 武汉：华中科技大学, 2017.

[52] 石慧霞. 我国大学校友会现状及其出路分析 [J]. 大学教育科学, 2005 (4)：73-76.

[53] 史良军. 浅议高校债务风险问题 [J]. 商业时代, 2010 (36)：64-65.

[54] 孙伦轩, 施晓路. 中国高校R&D经费来源结构及影响差异：经济增长的视角——基于省际面板数据的实证研究（1999—2011）[J]. 教育与经济, 2016 (6)：70-76.

[55] 孙泽平, 滕发祥. 高等学校创业教育内容与过程设计 [J]. 现代教育科学, 2004 (7)：62-64.

[56] 汪开寿, 唐祥来. 美国高等教育捐赠与我国的政策建议 [J]. 比较教育研究, 2006 (5)：31-35.

[57] 王定华. 美国研究型大学技术转让机构及其运作考察 [J]. 世界教育信息, 2003 (3)：4-7.

[58] 王溥, 胡方园. 校友资源对区域经济发展影响与路径选择 [J]. 技术经济与管理研究, 2020 (8): 119-122.

[59] 王雯岚, 许荣. 高校校友联结促进公司创新的效应研究 [J]. 中国工业经济, 2020 (8): 156-174.

[60] 吴伟荣, 李晶晶. 校友关系影响审计质量研究——基于权利中心度和关系亲密度的证据 [J]. 中国软科学, 2018 (8): 105-116.

[61] 吴笑韬. 高校校友资源开发的拓展: 教育评价困境与破局 [J]. 高教探索, 2020 (9): 25-30.

[62] 谢晓青. 高校校友资源开发与运用研究 [J]. 高教探索, 2010 (2): 27-30.

[63] 徐萍, 王素娟. 社会资本视域下的大学——校友关系及其建构 [J]. 高等理科教育, 2020 (4): 32-37+52.

[64] 徐先凤, 毕宪顺. 美国慈善与教育事业互动发展机制及对我国的启示 [J]. 当代教育科学, 2015 (22): 44-47.

[65] 杨伟东, 胡金平. 关系网络中的资源获取与利益交换: 民国时期大学校友会的运作逻辑 [J]. 苏州大学学报 (教育科学版), 2020, 8 (2): 108-115.

[66] 姚宇华. 我国大学与政府关系的嬗变和展望——对新中国成立以来政策文本的分析 [J]. 高校教育管理, 2017, 11 (1): 116-124.

[67] 殷新, 蔡言厚, 蔡莉. 大学评价对高等教育质量的促进作用 [J]. 宏观质量研究, 2014 (3): 114-120.

[68] 于晓东, 刘刚, 梁晗. 家族企业亲属关系组合与高效治理模式研究——基于中国家族上市公司的定性比较分析 [J]. 中国软科学, 2018 (3): 153-165.

[69] 岳洪江, 张琳, 梁立明. 基金项目负责人与科技人才年龄结构比较研究 [J]. 科研管理, 2002 (6): 100-106.

[70] 詹志斌. 美国高等教育捐赠筹资新特点及对我国的启示 [J]. 世界教育信息, 2005 (9): 32-33.

[71] 张粉婵. 高校校友资源开发与利用研究 [D]. 杨凌: 西北农林科技大学, 2016.

[72] 张华. 高校债务风险的有效解决路径研究 [J]. 开发研究, 2012 (6): 153-156.

[73] 张君生. 大学社会捐赠机制研究 [D]. 武汉: 中南民族大学, 2007.

[74] 张民选. 转制: 公立高校制度创新的现实选择 [J]. 中国高等教育, 2003 (23): 17-19.

[75] 张其仔. 新经济社会学 [M]. 北京: 中国社会科学出版社, 2001.

[76] 张亭亭, 赵宇翔, 朱庆华. 数字图书馆移动视觉搜索的众包模式初探 [J]. 情报资料工作, 2016 (4): 11-18.

[77] 张宗庆. 现代经济学教程 [M]. 南京: 东南大学出版社, 2016.

[78] 章谊. 美国高校校友捐赠对我国校友资源建设的启示 [J]. 区域治理, 2019 (32): 28-30.

[79] 赵淑梅. 斯坦福大学的创业教育及其启示 [J]. 现代教育科学, 2004 (11): 17-20.

［80］郑晓蕾，仇晓璐. 大学毕业生与在校生对学校教育评价反馈的比较研究——基于对同济大学的调研［J］. 北京教育（高教），2021（4）：49-52.

［81］钟玮，黄文辉，郭樑. 高校校友捐赠影响因素实证研究——基于对清华大学校友的调研［J］. 高教探索，2013（4）：43-46.

［82］仲伟周. 赞助：经济学研究的新领域［J］. 天津社会科学，1995（6）：15-19.

［83］朱智超. 审计师校友关系网络与会计信息可比性［J］. 财会通讯，2021（7）：36-39.

［84］Belfield C R，Beney A P. What Determines Alumni Generosity? Evidence for the UK［J］. Education Eeonomics，2000，8（1）：65-80.

［85］Betker B，Doellman T W. The SIM Program at Saint Louis University：Structure，Portfolio Performance and Use of Linked Into Maintainan Alumni Network［J］. Managerial Finance，2019，46（5）：624-635.

［86］Borden V M H，Shaker G G，Kienker B L. The Impact of Alumni Status on Institutional Giving by Faculty and Staff［J］. Research in Higher Education，2015，55：196-217.

［87］Brady M K，Noble C H，Utter D. Investing in the Future：Transforming Current Students into Generous Alumni［J］. Fund Raising Management，1999，30（9）：31.

［88］Bulter A，Wand G U G. Educational Networks，Mutual Fund Voting Patterns，and CEO Compensation［J］. Review of Financial Studies，2012，25（8）：2533-2562.

［89］Cohen L，Frazzini A，Malloy C. Sell-side School Ties［J］. Journal of Finance，2010，65（4）：1409-1437.

［90］Cohen L，Frazzini A，Malloy C. The Small World of Investing：Board Connection sand Mutual Fund Returns［J］. Journal of Political Economy，2008，116（5）：951-979.

［91］Cohen R T. Alumnitothe Rescue：Black College Alumni and Their Historical Impacton Alma Mater［J］. International Journal of Educational Advancement，2008（8）：25-33.

［92］Engelberg J，Gao P，Parsons C A. The Price of a CEO's Polodex［J］. Review of Financial Studies，2013，26：79-114.

［93］Fleming K. Examining the Influence of Graduate Student Experiences on Graduate Alumni Giving［D］. Massachusetts：University of Massachusetts Amherst，2017.

［94］Gaier S E. Alumni Satisfaction with Their Undergraduate Academic Experience and the Impact on Alumni Giving and Participation［J］. International Journal of Educational Advancement，2005，5（4）：279-288.

［95］Harper W C. Handbook for Alumni Administration［M］. NewYork：Macmillan Publishing Company，1989.

[96] Kaiser S, Ringlstetter M J. Strategic Management of Professional Service Firms: Theory and Practice [J]. Australasian Journal of Philosophy, 2011, 4 (4): 59-74.

[97] Levine W. Communications and Alumni Relations: What is the Correlation between an Institution's Communications Vehicles and Alumni Annual Giving? [J]. International Journal of Educational Advancement, 2008 (8): 176-197.

[98] Marr K A, Mullin C H, Siegfried J J. Undergraduate Financial Aid and Subsequent Alumni Giving Behavior [J]. The Quarterly Review of Economics and Finance, 2005, 45 (1): 123-143.

[99] McDearmon J T. What's in It for Me: A Qualitative Look into the Mindset of Young Alumni Non-donors [J]. International Journal of Education advancement, 2010, 10 (1): 33-47.

[100] Patricia A R. Student Affairs and Alumni Relations [J]. New Directions for Student Services, 2010 (130): 19-29.

[101] Shue K. Executive Networks and Firm Policies: Evidence from the Random Assignment of MBA Peers [J]. Review of Financial Studies, 2013, 26 (6): 1401-1442.

[102] Sun X. A Multivariate Causal Model of Alumni Giving at Midwest, Public University [D]. Nebraska: The University of Nebraska-Lincoln, 2005.

[103] Tsui A S. From Homogenization to Pluralism: International Management Research in the Academy and Beyond [J]. Academy of Management Journal, 2007, 50 (6): 1353-1364.

[104] Wunnava V P, Lauze M A. Alumni Giving at a Small Liberal Arts College: Evidence from Consistent and Occasional Donors [J]. Economics of Education Review, 2001, 20 (6): 533-543.

后 记

"校友经济"这一概念提出已有多年,然而关于校友经济的相关研究不仅大幅度滞后于实践活动,而且大多是单一的、碎片化的和非系统化的。伴随着校友经济的日渐崛起,校友经济活动的广度和深度得以扩展和强化,校友资源在联结经济与社会发展方面所发挥的作用也与日俱增。2020年10月,西华大学党委书记边慧敏教授、党委副书记王政书教授,西华大学成渝地区双城经济圈校友企业家联盟主席徐和平和西华大学成渝地区双城经济圈校友企业家联盟秘书长叶浪共同拟定了《校友经济学研究——校友经济现象的学科构建》提纲,并提交给相关专家征求意见。美国得克萨斯农工大学民营企业中心甘犁教授、西南财经大学西财智库首席执行官汤继强教授、成都市委党校副校长邵昱教授、四川大学经济学院韩立达教授和四川大学审计处处长江文清博士对《校友经济学研究——校友经济现象的学科构建》提纲进行了批阅和审改,提出了富有建设性的修改建议。

2021年2月,研究工作全面展开,西华大学质量发展研究院常务副院长刘晓彬教授,西华大学经济学院院长罗航教授、副院长程盈莹副教授、商务管理系副主任何春燕博士、经济贸易系涂晶博士和张德园博士负责资料收集和具体撰写工作。其中,刘晓彬教授和何春燕博士主要负责第一章和第二章的撰写工作,罗航教授和张德园博士主要负责第三章和第四章的撰写,程盈莹副教授和涂晶博士负责第五章和第六章的撰写。2021年9月,《校友经济学研究——校友经济现象的学科构建》初稿完成,边慧敏教授对初稿进行审定,并在10月底,在西华大学召开了《校友经济学研究——校友经济现象的学科构建》专家评审会。四川大学南亚研究所副所长、博士生导师杨文武教授担任评审组组长,西南财经大学公共管理学院博士生导师李丁教授,四川农业大学财务管理系主任、博士生导师王运陈教授,西华大学经济学院龙云安教授和于代松教授作为评审组成员,对全书进行了评审。随后,根据评审组专家的评审意见,编撰小组对《校友经济研究》稿件展开了全面、细致的修改与完善。

《校友经济学研究——校友经济现象的学科构建》一书提交给四川大学出版社后,编撰小组根据四川大学出版社编辑的反馈信息对《校友经济学研究——校友经济现象的学科构建》的内容与格式等进行了全面的梳理、修改与完善。为支持《校友经济学研究——校友经济现象的学科构建》的出版，西华大学校友们无偿捐助了课题专项经费，他们的姓名是：徐和平、蒯一希、潘祖高、梁智明、王荔、张宇、叶平、闵孝君、肖福亮、付安平、任康、宋睿、任中云、文龙、苏方红、蒋礼平、邓雪敏、任兴、周宇翔、张睿、王成华、汤旭东、梁振、戢俊鹏、刘波、严波、王鹏、肖永贵、蒋浩、郑伯博。最后感谢孙强、刘丹、李明道、黄娇、殷胜群、杜静、明新容、肖忠君、刘敏和鲁晓燕等在《校友经济学研究——校友经济现象的学科构建》撰写过程中提供的协助工作。

西华大学成渝地区双城经济圈校友企业家联盟　叶浪
2022 年 5 月 20 日